LA PORTIONCULE

OU

HISTOIRE

DE

SAINTE-MARIE-DES-ANGES

par le P. BARNABÉ, D'ALSACE, F.-M. O.

PÉNITENCIER APOSTOLIQUE

Avec quatre photographies et un plan.

FOLIGNO
Imprimerie de F. Campitelli
Médailles à plusieurs Expositions.

GABRIELE CARLOFORTI ASSISI

CHAPELLE DE LA PORTIONCULE

LA PORTIONCULE

OU

HISTOIRE

DE

SAINTE-MARIE-DES-ANGES.

> *Saint François disait savoir par révélation divine que la B. V. Marie aimait ce sanctuaire d'une affection spéciale entre toutes les églises dédiées en son honneur dans le monde entier.*
>
> (Thomas de Célano, Vie II. ch. XII)

PAR LE P. BARNABÉ, D'ALSACE, F.-M. O.

PÉNITENCIER APOSTOLIQUE

FOLIGNO
IMPRIMERIE DE F. CAMPITELLI
Médailles à plusieurs Expositions.

20 Janvier 1884.

EXTRAIT DU RAPPORT DES EXAMINATEURS.

« Nous avons lu attentivement et avec grand intérêt les manuscrits de *l'Histoire de la Portioncule*, par le P. Barnabé d'Alsace.

Voici quelle a été notre impression : L'ouvrage, à notre humble avis, est sérieux, intéressant, érudit et accompagné d'une bonne et saine critique. Il est appelé à faire connaître et aimer notre béni sanctuaire et sera d'une grande utilité pour l'Ordre....

Nous ne pouvons que féliciter l'auteur de ce travail d'érudition, qui sera fort intéressant. Ses appréciations sur le Frère Elie sont très justes. Il importe d'éclaircir ce point d'histoire et d'en finir avec les inventions d'Ubertin de Casal, qui ont été trop facilement acceptées par les écrivains postérieurs.... »

APPROBATION

DU R^{me} MINISTRE GÉNÉRAL DE L'ORDRE.

Ad quod nos attinet, nihil obstat quominus imprimatur.

FR. BERNARDINUS, MIN. GLIS

Ex Aracoelitana Residentia, die 17 Decembris 1883.

A sa Grandeur

MONSEIGNEUR BERNARDIN TRIONFETTI

de Montefranco

Evèque titulaire de Capharnaum

antrefois successivement

Gardien du couvent de la Portioncule berceau

de l'Ordre séraphique

Custode de la Terre-Sainte

Ministre Général

de tout l'Ordre des Frères-Mineurs

ensuite Evèque

de Terracine, Sezze et Piperno

aujourd'hui reposant son heureuse vieillesse

dans le calme de son ancienne cellule

Fr. BARNABÉ D'ALSACE

offre humblement ces modestes pages écrites

en l'honneur de Notre-Dame des Anges

INTRODUCTION

—

Au milieu de l' Ombrie, province de l' Italie centrale, s' ouvre une riante et fertile vallée, dont les deux entrées sont gardées par la ville de Pérouse au nord et celle de Foligno au midi. A l'est, sur une colline qui domine un fort gracieux paysage, s' élève la petite cité d' Assise, à jamais mémorable, pour avoir donné naissance à saint François. L'imagination ne peut même songer à Assise, sans voir se dresser la noble figure de ce grand héraut de Dieu, *qui, depuis six siècles, a été la gloire la plus pure de cette ville et en a fait tout à la fois un monument et un sanctuaire. « A Assise naquit pour le monde un soleil comparable à celui qui semble sortir du Gange. Que l' homme, qui veut parler de ce lieu, ne le nomme pas Assise; ce nom dirait trop peu; qu'il l' appelle Orient, s'il veut employer le mot propre. » C'est ainsi que s'exprimait dans son poètique enthousiasme le Dante, moins d' un siècle après la mort de saint François. Les gênérations n'ont point démenti sa parole; ce soleil n'a point perdu de son éclat. Assise est toujours un Orient, vers le quel le chrétien aime à tourner son regard. Il semble même que les peuples se sentent de plus en plus attirés vers cette terre bénie. Des pèlerins de toutes les nations y accourent, moins pour admirer ses Basiliques resplendissantes des merveilles de l' art, que pour prier dans ses délicieux sanctuaires, encore tout vivants des souvenirs de saint François. L' âme respire sous leurs voûtes séculaires comme un parfum de sainteté, qui semble ramener le pieux visiteur à cette heureuse époque, où le saint Patriarche et ses dignes compagnons vivaient encore, ravis en extase durant leurs colloques amoureux avec le divin Sauveur.*

Le voyageur, qui s' arrête à la station d' Assise, est tout d' abord attiré par l' insigne Basilique de Sainte-Marie-des-Anges, dont la grandiose coupole s' élève dans les airs avec autant de grâce que de majesté. Cette coupole abrite, comme d' un manteau de reine, une humble chapelle, l' antique sanctuaire de la Portioncule: Sous ce nom de Portioncule est renfermée toute une histoire pleine de charme pour l'âme chrétienne. « Là, dit saint Bonaventure, saint Fran-

çois jeta humblement la fondation d' une vie parfaite; là il s' avança merveilleusement dans la vertu; là il consomma sa course par une mort bienheureuse et en mourant, il recommanda á ses Frères ce lieu, comme vraiment cher à la Vierge. » [1] *En effet, la Portioncule a été le théâtre des scénes les plus sublimes de la vie du saint Patriarche et de ses glorieux compagnons. Aprés y avoir fondé son Ordre, saint François fit de ce lieu sa résidence de prédilection. Berceau de l' Ordre des Frères-Mineurs, la Portioncule est encore devenue, jusqu' á un certain point, celui de l' Ordre des Clarisses; car c' est là que sainte Claire renonça au monde, pour se consacrer entièrement à Dieu. C' est là aussi que le saint Patriarche obtint de Jésus-Christ la célèbre Indulgence du Pardon. Outre l' antique chapelle de la Portioncule, la Basilique de Sainte-Marie-des-Anges abrite encore deux autres précieux sanctuaires: la cellule transformée en chapelle, dans la quelle saint François rendit son âme à Dieu et où se conserve son Coeur, et la chapelle des Roses, que saint Bonaventure fit construire au dessus de la cabane qu'habitait le serviteur de Dieu. Près de cet oratoire se trouve le jardin des Rosiers miraculeux de saint François.*

C'est cette intéressante histoire que nous osons offrir au lecteur dans ce modeste travail. Il est vrai que presque tous les biographes de saint François ont parlé de la Portioncule; car l' hi-

1) Légende Majeure ch. II.

stoire de l' un est inséparable de celle de l' autre; mais ils ne l' ont fait que d' une manière fort incomplète. D' un autre coté l'histoire de saint François a besoin d'être purifiée de plusieurs erreurs qui s'y sont glissées depuis quatre siècles au moins, par suite de la perte des manuscrits de la plupart des premiers historiens de l' Ordre franciscain: Un grand nombre de ces manuscrits ont été retrouvés dans ces dernières années.

Pour montrer de quelle garantie est entourée l'histoire que nous écrivons, il suffira de faire connaître les principaux historiens que nous avons consultés. Les voici par ordre chronologique:

1.° Fr. Thomas de Célano, le premier des biographes de saint François, entra dans l' Ordre des Frères-Mineurs en 1215 et fut pendant onze ans le disciple, l' ami, le tendre fils du saint; il rédigea, sur l' ordre du Pape Grégoire IX, les actes de la vie de son bienheureux Père. Cette biographie est connue sous le nom de Première Vie de saint François. *Voici ce qu'il dit en tête de cet ouvrage: « Je désire raconter les actes et la vie de notre bienheureux Père François avec piété, la vérité étant mon guide et ma seule maîtresse. Comme personne au monde ne peut retenir dans sa mémoire tout ce que le bienheureux Père a fait et enseigné, je tâcherai d' exposer, suivant l' ordre du glorieux Pape Grégoire, autant que j' en suis capable et en paroles bien simples, les choses au moins que j'ai apprises de témoins fidèles et éprouvés. » En 1224 il compléta son ouvrage par de nouveaux docu-*

ments et écrivit l'histoire connue sous le nom de Deuxième Vie de saint François. *Les Deux* Vies *ont été publiées à Rome en 1880.*

2.° Jean de Cèprano, protonotaire apostolique et ami de saint François, écrivit une autre Vie *du Saint, quelques années après sa mort.*

3.° A cette même époque Fr. Jean Kant, d'origine anglaise, écrivit la Vie *de son bienheureux Père en vers latins. Cristofani en a publié en 1883 une antique copie.*

4.° En 1246 Fr. Crescent de Jesi, alors Ministre Général, ordonna à ses religieux d' écrire tout ce qu'ils savaient sur la vie et les miracles de saint François. Des écrits composés à cette occasion, il ne nous reste que l' ouvrage connu sous le nom de Légende des Trois Compagnons. *Cette histoire fut écrite par le Fr. Léon, secrétaire et confident de saint François, le Fr. Ange de Tancrède, noble chevalier de Rieti et le Fr. Ruffin, chevalier d' Assise. Tous les trois ont vécu seize ans avec leur Père. Cet ouvrage a été publié à Rome en 1880.*

5.° Vient ensuite la biographie faite par un Anonyme de Pérouse, qui, suivant les Bollandistes, est entré dans l' Ordre, sinon du vivant de saint François, au moins peu après sa mort.

6.° Saint Bonaventure, Ministre Général de l' Ordre, écrivit en 1261 une nouvelle Vie *de saint François, appellée généralement* Légende Majeure. *Il suffit de citer la déclaration par laquelle il commence son ouvrage, pour mettre en évidence son authenticité: Me sentant indi-*

gne et incapable, dit-il, d'écrire la vie d'un homme si vénérable et si digne d'être imité, je n'aurais jamais eu le courage de le faire, si la tendre affection des Frères et le désir unanime du Chapitre général ne m'y avaient engagé et si la vénération que je suis obligé de porter dans mon coeur pour le bienheureux Père, ne m'y avait contraint. Ayant été arraché dans mon enfance des portes de la mort par ses mérites et son intercession, je craindrais d'être accusé d'ingratitude si je taisais ses louanges .... Pour mieux connaître les détails de sa vie que je voudrais transmettre à la postérité, j'ai visité les lieux où ce saint homme naquit et passa ses jours. J'ai eu fréquemment des entretiens avec plusieurs de ses compagnons qui vivaient encore, principalement avec ceux qui furent les témoins et les fidèles imitateurs de sa sainteté et qui par la véracité incontestable de leurs témoignages et par leur vertu éprouvée sont absolument dignes de foi. »

7.° Le secrétaire de saint Bonaventure, Fr. Bernard de Besse, fit un autre ouvrage, les Louanges du bienheureux François.

8.° Nous aurions déjà dû citer Fr. Thomas Eccleston. Après avoir été un sujet distingué à l'université d'Oxford, il se joignit aux Frères-Mineurs, que saint François avait envoyés en Angleterre et employa vingt quatre ans à écrire l'histoire de l'arrivée des Frères-Mineurs en Angleterre : De adventu Fratrum Minorum in Angliam. *Il mourut vers l'an 1286. Dès que ses manuscrits eurent été retrouvés, le gouvernement anglais s'empressa de les publier. Un premier volume parut en 1858 et un deuxième en 1882 sous le titre de* Monumenta Franciscana.

9.° La Chronique du Fr. Salimbène degli Adami, qui entra dans l'Ordre des Frères-Mineurs en 1238, est également estimée comme un ouvrage de haute importance à cause de l'exactitude et de l'impartialité de l'auteur. Il dit dans la préface qu'il a été l'ami intime du premier compagnon de saint François, Bernard de Quintavalle.

Deux autres ouvrages aident encore puissament l'étude de l'histoire de saint François. Ce sont les Annales Minorum *de Wadding et les* Acta Sanctorum *des Bollandistes.*

Le Père Luc Wadding de Waterford (Limerick) commença à écrire en 1620 les Annales des Frères Mineurs, qui comprennent vingt quatre volumes infolio. Par sa critique, son érudition, sa solide doctrine et son beau style, il a dépassé tous les historiens de l'Ordre de saint François. Néanmoins, dans ce vaste travail bien des inexactitudes ont échappé à la sagacité de l'illustre annaliste, surtout en parlant de l'Origine de l'Ordre. On n'en est point étonné, lorsqu'on sait qu'il ne connaissait les ouvrages de Thomas de Célano, de Jean de Céprano, des Trois Compagnons, de Bernard de Besse, de Salimbène et d'autres que par quelques extraits du Fr. Marien de Florence, écrivain du quinzième siècle, dont la critique n'est pas toujours assez judicieuse. Quant à l'ouvrage d'Eccleston,

Wadding ne le connaissait que par les extraits de Leland et Wood, ou plutôt par ceux de Pitts, qui fit passer Eccleston pour un écrivain du quinzième siècle. Aussi, quand Wadding cite les premiers biographes de saint François, les citations sont souvent loin d'être conformes au texte original. Naturellement ceux qui ont suivi Wadding, comme Chavin de Malan et Chalippe, le meilleur biographe de saint François parmi les modernes, et tous ceux qui ont suivi ces derniers, sont tombés dans les mêmes erreurs; Nous aurons à relever des inexactitudes, accréditées depuis le quizième siècle jusqu'à nos jours.

Dans leurs Acta Sanctorum, *les Bollandistes examinent chaque fait, discutent chaque date et analysent les moindres détails avec une critique sévère et calme, qui à chaque page fait jaillir une nouvelle lumière sur l'histoire. Mais comme ils ne connaissaient ou n'avaient pas à leur disposition tous les ouvrages des premiers biographes de saint François, ils ont aussi commis plusieurs erreurs historiques.*

Citons encore parmi les ouvrages modernes la Storia compendiosa di S. Francesco e dei Francescani *du P. Pamphile de Magliano. Il est regrettable que la mort ait surpris ce judicieux écrivain, au, moment où il venait de finir le second volume de son histoire.*

Pour ce qui concerne l'architecture et les beaux-arts, nous avons consulté principalement l'ouvrage critique de César Guasti; La Basilica di Santa Maria degli Angeli.

Nous avons divisé notre auvrage en deux parties: La première contient l'histoire de la Portioncule et la seconde la description de ses Sanctuaires avec une dissertation sur le Coeur de saint François.

Nous espérons ainsi satisfaire tout à la fois le pieux pèlerin, l'ami de l'histoire et celui des beaux-arts.

Le lecteur nous pardonnera si nous avons préféré l'exactitude historique à l'élégance du style. Bien que le français soit notre langue d'enfance, les longues années passées hors de France et l'usage habituel des langues étrangères, n'ont pas peu contribué à nous rendre plus difficile l'emploi de la langue française.

D'ailleurs nous écrivons pour la vérité et non pour la rhétorique; mon unique désir est de faire connaître et aimer la Vierge immaculée, Reine des anges et Patronne de l'Ordre séraphique, ainsique François d'Assise, mon bien aimé Père.

Puissé-je avoir réussi!

FR. BARNABÉ D'ALSACE, M. O.
pénitencier apostolique

De notre couvent de Sainte-Marie-des-Anges, ce 8 décembre 1883, en la fête de l'Immaculée Conception.

PREMIÈRE PARTIE

HISTOIRE DE LA PORTIONCULE

CHAPITRE I

Quatre ermites de Jérusalem construisent la chapelle de la Portioncule — Saint Benoit la reconstruit. — Apparitions des anges. — Les Bénédictins l'abandonnent. — Pica y obtient la grâce de devenir mère de saint François. — Le petit François à la Portioncule.

La chapelle de la Portioncule remonte à la plus haute antiquité. Son histoire, suite de merveilles, permet de croire, que Dieu lui-même s'est chargé de préparer le berceau de l'Ordre séraphique, qui devait remplir le monde entier de bénédictions.

Selon Thomas de Célano, ce n'est pas sans une disposition providentielle que depuis les temps anciens le nom de *Portioncule* (ou petite portion) fut donné à ce lieu, qui devait tomber en partage, à ceux qui ne voulaient rien posséder en ce monde. [1] Saint Bonaventure de son coté assure, que la chapelle de la Portioncule a été antiquement appellée *Sainte-Marie-des-Anges* à cause des fréquentes apparitions des esprits célestes en ce lieu. [2] Il ne nous reste guère de documents authentiques sur l'origine de la Portioncule; néanmoins nous ne saurions passer sous silenceles touchantes traditions qui s'y rapportent et qui ont été recueillies dans la suite par les historiens de l'Ordre séraphique. Salvator Vitalis [3] dit qu'un Prieur d'Assise lui avait communiqué un antique parchemin, relatant cette origine telle qu'elle a été racontée par le bienheureux Jean de l'Alverne à un roi qui fit incognito le pélérinage de la Portioncule. [4] L'auteur du manuscrit ne donne pas le nom de ce roi; [5] mais il assure que le bienheureux Jean le connaissait. Après avoir cé-

1) Vie II p. I ch. XII.

2) Légende Majeure, ch. II.

3) Paradisus seraphicus, Portiuncula Sacra. (Milan 1645).

4) Le B. Jean de l'Alverne était issu d'une noble famille de Fermo; il entra dans l'Ordre en 1272 et mourut en 1322. Il se rendit plusieurs fois à la Portioncule.

5) En 1311 Henri VII roi d'Allemagne et plus tard empereur, se rendit sur le mont Alverne, où il rencontra le B. Jean. A cette même époque passa par l'Ombrie le roi Charles-le-Boiteux; il alla à Rieti où il assista au chapitre général des Frères-Mineurs et où il fut couronné roi de la Pouille et de la Sicile par le Pape Nicolas III.

lébré le saint sacrifice de la messe en présence du royal pélerin, le Bienheureux lui montra les sanctuaires et lui raconta l'histoire que nous allons reproduire ici, avec les détails fournis par d'autres auteurs :

Saint Cyrille, patriarche de Jérusalem, raconte dans une lettre à l'empereur Constance, que l'an de grâce 351 apparut au ciel une croix lumineuse plus resplendissante que le soleil. Cette croix merveilleuse s'étendit audessus de la ville de Jérusalem, depuis le sommet du Calvaire jusqu'au mont des Olives. 1) Peu de temps après cette apparition céleste, quatre pieux ermites quittèrent Jérusalem pour aller visiter le tombeau des saints Apôtres, dans la capitale du monde chrétien et pour s'établir ensuite en Occident. Le plus riche trésor qu'ils portaient avec eux, consistait dans une parcelle du glorieux tombeau de la sainte Vierge, que saint Cyrille leur avait donnée avant leur départ. Les pieux ermites arrivèrent à Rome sous le règne du Pape Libère, qui occupait la Chaire de saint Pierre de l'an 352 à 357. Dès qu'ils eurent satisfait leur dévotion, ils reçurent du Pape le conseil de se rendre dans la vallée de Spolète, pour y établir leur ermitage. Les quatre pélerins vinrent à Assise et s'empressèrent de construire à une demie-lieue de la ville, au milieu de la plaine, un petit ermitage avec une modeste chapelle. Comme ce petit

1) S. Jerôme rapporte le même fait. Baronius dit que cette apparition eut lieu en 353, le 7 Juin, à la Pentecôte.

sanctuaire était destiné à renfermer le précieux souvenir du tombeau de la sainte Vierge, ils le dédièrent à la Mère de Dieu sous le titre de Sainte-Marie-de-Josaphat, en mémoire de la vallée dans la quelle furent déposées pour un temps les dépouilles mortelles de la Vierge Marie. En même temps ils ornèrent l'autel d'un tableau représentant la glorieuse Assomption de Marie, montant au ciel au milieu d'une multitude d'anges. C'est pour cela que la chapelle de Sainte Marie de Josaphat fut encore appelée par les fidèles: *Sainte-Marie-aux-Anges* ou, *Sainte-Marie-des-Anges.* 1) Octave Spader évèque d'Assise à la fin du XVIIe siècle dit dans ses manuscrits: « Aujourd'hui encore, en Espagne et dans d'autres pays catholiques, la fête de l'Assomption est appellée la fête de Notre-Dame des anges, *Nuestra Senora de los Angeles.*

Les faveurs extraordinaires que les fidèles obtenaient dans ce sanctuaire par l'intercession de Marie, en firent l'objet d'une vénération spéciale dans tous les pays d'alentour. Les ermites de leur côté menaient une vie si sainte à l'ombre de leur petite chapelle, qu'en peu de temps plusieurs habitants du pays se joignirent à eux, pour former une garde d'honneur à la Reine des anges. Mais quelques années après, les ermites venus de Jérusalem se retirèrent dans la Romagne ou l'Emilie, confiant la chapelle à leurs disciples. La

1) P. Lipsin F. M. Conventuel; Catechismus historio-dogmaticus. § De Indulgentia Portiunculae.

petite famille religieuse continua à se recruter et desservit la chapelle pendant plus d'un siècle; mais bientôt ceux-ci à leur tour abandonnèrent l'ermitage et le sanctuaire. Quel est le motif de cet abandon? — L'histoire ne le dit pas; mais les historiographes de Saint-Marie-des-Anges, loin de voir dans ce fait un regrettable malheur, y admirent au contraire un dessein mystérieux de la divine Providence. Cette chapelle devait être confiée à des mains plus sûres. Dieu voulait la mettre sous la sauvegarde de saint Benoit, le patriarche des moines d'Occident, pour être remise un jour par ses Enfants au patriarche des Frères Mineurs.

En effet, en 516 saint Benoit passant près d'Assise, vit le petit sanctuaire de Marie abandonné et tombant en ruines. A cette vue, il se sentit poussé par une impulsion d'en haut à supplier les magistrats d'Assise de donner ce sanctuaire à l'Ordre qu'il allait fonder. Cette faveur lui fut accordée sans peine. Saint Benoit prit aussitôt possession de la chapelle et la fit reconstruire. Cette chapelle, (communément appelée *la santa Cappella*) est celle-là même, dans sa forme et ses parties essentielles, qui repose aujourd'hui sous la majestueuse coupole de la Basilique de Notre-Dame-des-Anges. Elle a donc 1368 ans d'existence depuis sa première restauration et près de 1530 depuis sa fondation.

Ici se présente un fait que nous pouvons appeler prophétique. Saint Benoit fit considérablement élargir la porte de la façade. La chapelle n'a à l'intérieur que 4 mètres 10 de largeur et la porte, à elle seule, a une largeure de 2 mêtres 30. De-plus, il fit pratiquer dans le mur du côté de l'Epitre, à un mêtre audevant de l'autel, une autre porte avec les mêmes dimensions que la première. Or, on ne conçoit pas des ouvertures tellement disproportionnées relativement à l'exiguité de l'édifice. L'histoire de l'archéologie chrétienne n'offre aucun exemple de ce genre. Nous n'avons d'autre explication possible que celle qu'en donne la tradition. Elle dit que saint Benoit eut un pressentiment divin des grandes choses qui devaient s'opérer dans ce sanctuaire et sut qu'un jour ces deux grandes entrées deviendraient nécessaires, pour livrer passage à la multitude des fidèles qui viendraient y gagner, six siècles plus tard, la célèbre indulgence du Pardon. [1)]

Après la reconstruction de la chapelle de Sainte-Marie-des-Anges, saint Benoit envoya quelques uns de ses religieux, pour y maintenir le culte dû à la Reine des anges. En ce lieu il n'y eut jamais un monastère proprement dit. Les Bénédictins avaient construit, dès l'origine de leur Ordre, une abbaye sur le Mont-Subasio, à une lieue et demie de Sainte-Marie, du coté de Spello; tandis qu'ici ils n'avaient qu'une espèce de résidence, pour un petit nombre de religieux. La propriété attachée à ce couvent était peu considérable et ne consistait que dans un petit champ,

1) Autrefois plus de cent mille personnes passaient par cette chapelle le 2 août, et la plupart y entraient à plusieurs reprises.

une portion de terrain, portiuncula terreni. C'est pour cela que dans l'Ordre de saint Benoit cette résidence était communément désignée sous le nom de *Portiuncula,* nom qui fut donné ensuite à la chapelle elle-même. [1]

Pendant que les Bénédictins desservaient ce sanctuaire, les prodiges les plus extraordinaires s'y manifestaient. Les anges apparaissaient fréquemment dans le modeste oratoire, dit l'auteur de l'antique manuscrit, et faisaient entendre durant la nuit leurs hymnes célestes. [2] Un moine vit un jour une échelle, qui allait de ce sanctuaire jusqu'au ciel; des anges montaient et descendaient sans cesse, en chantant les gloires de Dieu et de sa Mère. Un autre saint ermite vit cette même échelle mystérieuse durant la nuit. Par suite de ces apparitions célestes, le nom de Sainte-Marie-des-Anges, que la chapelle avait déjà, fut confirmé et celle-ci devint de plus en plus l'objet de la vénération des fidèles.

Les moines de la première Règle de sanit Benoit, appelés moines du Mont-Cassin, restèrent pendant plusieurs siècles au service de cette chapelle; mais plus tard ils furent remplacés par les Bénédictins de Cluny qui, à leur tour, cédèrent la place aux Bénédictins Cisterciens. Mais en 1075 le petit convent était tellement délabré, qu'il devenait inhabitable pour une communauté.

1) Bartoli della Rossa: Histoire de l'Indulgence de la Portioncule (1335).

2) Saint Bonaventure parle aussi des apparitions des anges dans cette chapelle. Leg Maj. ch. II.

Les religieux se retirèrent tous dans l'abbaye voisine du Mont-Subasio et la Portioncule devint ainsi la propriété de cette abbaye. La chapelle de la Portioncule ou de Sainte-Marie-des-Anges était donc une seconde fois délaissée. [1]

Mais les fidèles continuaient à s'y rendre pour implorer le secours de la Reine des anges. Parmi eux on remarqua souvent la bonne et pieuse Pica, que le Ciel avait prédestinée à devenir la mère du Séraphin d'Assise. Voici ce qu'en dit l'auteur du manuscrit cité plus haut : « Dame Pica avait l'habitude de visiter l'église de la sainte Vierge à la Portioncule ; car quelque délabrée que fut ce sanctuaire dans son abandon, néanmoins, à cause du grand renom que lui ont acquis les apparitions angéliques qu'on y voyait et les cantiques célestes qu'on y entendait souvent, les habitants du pays continuaient à offrir leurs prières ou leurs salutations à la Mère de Jésus-Christ. Par l'intercession de la Vierge, Dame Pica obtint de son divin Fils la grâce de devenir féconde et de donner le jour à son premier-né *François,* après sept ans de mariage avec maître Pierre. » « Ainsi donc, ajoute l'évêque Spader, la divine Providence a accordé au monde le séraphique François, dans la chapelle de la Portioncule, avant qu'il n'eut été conçu à Assise par sa mère Pica. »

Le jour où saint François naquit, un ange sous la forme d'un pèlerin se présenta dans la maison

1) Iacobili de Foligno : Légendario dei Santi dell' Umbria, 2 août (1656).

paternelle, prit l'enfant dans ses bras comme un autre Siméon et prédit sa grandeur future.[1] Quelques écrivains racontent que le même jour les anges firent entendre à la Portioncule leurs chants célestes, pour glorifier Dieu et promettre la paix aux hommes de bonne volonté, comme à la naissance du Sauveur.

La tradition ajoute que dans la suite, l'heureuse mère redoublait ses visites à Sainte-Marie-des-Anges, pour remercier la très sainte Vierge des grâces qu'elle avait obtenues par son intercession. Elle avait soin de se faire accompagner du petit François, pour imprimer dans son coeur un vif amour pour Dieu et la Reine des anges. On peut donc le dire, jusqu'à un certain point ; c'est dans la chapelle de la Portioncule que François apprit à aimer Jésus et Marie ; c'est là que furent déposés dans son coeur les premiers germes des vertus qui devaient faire de cet enfant un héros de la pauvreté, un modèle de perfection, un séraphin d'amour.

Ainsi, suivant la tradition, c'est de Jérusalem que sont partis les ermites qui devaient préparer le berceau de l'Ordre des Frères-Mineurs, destinés à devenir les gardiens perpétuels du Saint-Sépulcre. C'est de la Palestine que sont venus les fondateurs de l'humble sanctuaire, destiné à donner naissance à l'Ordre des Frères-Mineurs et des Clarisses qui avec l'Ordre de la Pénitence étaient appelés à relever la société, en ramenant les

1) Barthélemy de Pise. Opus Conformitatum.

peuples à l'exacte observance des préceptes de Jésus de Nazareth. C'est de ce sanctuaire, le premier peut-être élevé en Occident en l'honneur de l'Assomption de Marie, que devaient sortir les vaillants défenseurs de la doctrine de la Conception immaculée de la Vierge, et de cette autre doctrine également chère aux Frères-Mineurs : l'entrée triomphale de Marie au ciel en *corps* et en âme. [1])

Comment ne pas admirer dans ces évènements les desseins mystérieux de la divine Providence !

1) Daprès Wadding, au chapitre tenu à la Portioncule en 1219, saint François ordonna de dire chaque samedi une messe en l'honneur de l'Immaculée Conception de Marie, dans tous les couvents de l'Ordre. L'école franciscaine a toujours vivement soutenu cette doctrine, qui est devenue un dogme de foi ; elle a également toujours enseigné que la sainte Vierge est montée au ciel en *corps* et en âme.

Chapitre II

Saint François restaure la Portioncule. — Sa première demeure. — La fondation de son Ordre. — Les premiers disciples. — La première Règle.

Les premières années de François s'écoulèrent tranquilles et cachées auprès de ses parents. Il s'appliqua d'abord à l'étude des belles-lettres, surtout de la langue française et latine. Plus tard il fut associé aux opérations de commerce de son père, Pierre Bernardone, riche marchand d'Assise. Mais le jeune négociant se plaisait plus à dépenser l'or qu'à l'amasser. Généreux jusqu'à la prodigalité, plein de vivacité et d'entrain, d'une humeur toujours joyeuse et affable, François devint bientôt le chef de la jeunesse d'Assise et l'organisateur de ses jeux, de ses chants et de ses festins. Mais tout en menant une vie joyeuse, il se distinguait toujours par la noblesse de ses sentiments et la pureté de ses moeurs. Dieu l'invitait à une vie plus parfaite, tantôt en lui présageant sa grandeur future, tantôt en le faisant passer par les humiliations et les maladies. Vaincu enfin par la grâce, François renonça aux vanités du monde et mena la vie érémitique, malgré les persécutions de son père et les railleries de ses compagnons de plaisir. Peu après sa conversion, il entrait dans une pauvre église de campagne, consacrée à saint Damien, si vieille et si délabrée qu'elle menaçait ruine. Il pria avec ferveur, et les yeux baignés de larmes, il contempla avec amour l'image de Jésus-Crucifié. Tout à coup une voix sortit du Crucifix et lui fit entendre trois fois ces mystérieuses paroles: « François, va et répare ma maison qui, comme tu vois, tombe en ruines. » Trop humble pour croire que Dieu l'appellait à réparer les ruines spirituelles de son Eglise, saint François prit ces paroles dans leur sens littéral et ne tarda pas de restaurer la vieille église de Saint-Damien. Il entreprit ensuite la réparation de deux autres sanctuaires: l'un était une église consacrée à saint Pierre et l'autre était la petite église de Sainte-Marie-des-Anges. Son amour pour la sainte Vierge et le souvenir des apparitions célestes décidèrent le saint à tirer de ses ruines ce vénérable sanctuaire et á le rétablir dans son ancienne splendeur. 1) Saint François y travaillait de ses propres mains et, grâce aux aumônes qu'il avait recueillies de toute part,

1) S. Bonaventure, Légende Maj. ch. II.

l'an 1208 la chapelle de la Portioncule avait retrouvé son culte séculaire et servait de nouveau de tabernacle au Saint des Saints. Après sa restauration, les Bénédictins du Mont-Subasio en confièrent la desservance à un pieux et vertueux prêtre d'Assise, nommé Mozzangoli, qui venait y célébrer de temps en temps le saint sacrifice de la messe.

A partir de ce moment saint François fixa sa demeure auprès de cette chapelle et se ménagea une petite habitation dans les ruines de l'ancien couvent des Bénédictins. [1] Il eut pour ce sanctuaire un amour de prédilection et en fit son oratoire habituel. Jours et nuits, il se tenait prosterné devant l'autel, priant, pleurant et méditant sur la Passion de Notre Seigneur. Pour avoir part aux souffrances du divin Crucifié il se livrait aux plus rudes mortifications. « Car depuis que le Crucifix avait parlé á saint François, disent les Trois Compagnons, celui-ci avait le coeur tellement brisé et attendri au souvenir de la Passion du Christ, que toute sa vie il portait les stigmates de notre Sauveur dans son corps. Du reste cela est devenu visible plus tard, par la rénovation de ces mêmes stigmates, tracées sur son corps d'une manière merveilleuse et manifeste. De plus, il affligeait sa chair par tant de macérations, que, malade ou bien portant, il se traitait toujours avec une excessive rigueur et ne s'accordait ja-

1) Thomas de Célano, Vie I, p. I, ch. IX. — Jean Kant, Poème. S. Bonaventure, Légende Maj. ch. II.

mais le moindre soulagement. Aussi, avant de mourir se reprocha-t-il d'avoir traité trop sévèrement *son frère le corps.*

Un jour il se promena seul près de Sainte-Marie-de-la-Portioncule, pleurant et gémissant à haute voix. Un homme de bien passant auprès de lui, crut qu'il souffrait de quelque douleur corporelle. Touché de compassion, il s'approcha de lui et demanda la cause de ses larmes : Je pleure la Passion de mon Seigneur, répondit le saint, et je ne rougirais pas de la pleurer ouvertement par toute la terre. Cet homme se mit à pleurer avec lui. Souvent aussi lorsqu'il sortait de la prière, ses yeux paraissaient pleins de sang, tellement ses larmes étaient brûlantes. Il ne s'affligeait pas seulement par l'amertume de ses larmes, mais encore par l'abstinence de nourriture et de boisson, en souvenir de la Passion du Sauveur. Lorsqu'il lui arrivait de manger à la table des séculiers et de recevoir quelque met délicat, il n'en goûtait que fort peu et alléguait certains prétextes, pour ne pas paraître s'en abstenir par mortification. » 1)

C'est ainsi que par ses prières ses larmes et ses pénitences saint François se préparait dans sa chère Portioncule à répondre à sa sublime vocation ou plutôt à connaître par quelles oeuvres il devait désormais servir son Dieu et son Roi. La réponse de Dieu ne se fit pas longtemps attendre.

1) Trois Compagnons, ch. V.

C'était la troisième année que François s'était converti à Dieu [1] et la seconde qu'il portait l'habit d'ermite [2] quand le 24 février 1209, fête de l'Apôtre saint Matthias [3] il assistait à la messe dans la chapelle de la Portioncule. [4] Arrivé à la lecture de l'Evangile, au moment où le prêtre dit ces paroles que Notre-Seigneur adressait á ses disciples: Allez et prêchez... Ne portez ni or, ni argent ni aucune monnaie dans votre bourse, ni sac, ni deux vêtements, ni souliers, ni bâton, (S. Matthieu ch. IV) saint François reçut d'en haut une vive effusion de lumière. Sa vocation jusqu'alors entrevue seulement, lui fut montrée dans une clarté toute céleste; la pauvreté, la sainte pauvreté évangelique, lui apparut comme son unique épouse et la compagne féconde de son

1) Thomas de Célano, Vie I, p. I, ch. IX.

2) Bernard de Besse, Manuscrit de Turin.

3) S. Bonaventure (Lég. Maj. ch. III) dit que saint François assistait à la messe des Apôtres. Or Papini (Storia di S. Francesco lib. I c. V) et les Bollandistes (Acta S. S. IV Oct) disent qu'à cette époque cet évangile ne se disait à la messe d'aucun Apôtre sinon de S. Matthias.

4) Wadding dit que saint François entendit cette messe en 1208. Mais les Bollandistes prouvent que le saint se converti entièrement a Dieu en 1206, et Thomas de Célano dit qu'il fonda son Ordre trois ans après; ce qui nous donne l'année 1209. Du reste Wadding lui-même dit que le B. Egide entra dans l'Ordre le 23 avril 1209. Or Thomas de Célano dit qu'il y entra peu après Bernard de Quintavalle et Pierre de Catane; les Trois Compagnons disent qu'il se joignit à saint François huit jours après ces deux derniers. Deplus Bernard et Pierre suivirent le saint quelques semaines après qu'il eut embrassé la vie apostolique; ce qui nous ramène toujours, comme disent les Bollandistes, à la date du 24 février 1209, comme date de la naissance de l'Ordre des Frères-Mineurs.

apostolat. Cependant François se défia de ses propres lumières et ne voulut rien entreprendre sans consulter le ministre du Seigneur. La messe étant finie, il pria le chapelain de lui expliquer le sens littéral et parfait de ces paroles évangéliques. A peine eut-il reçu l'explication désirée, qu'il s'écria dans un transport de joie : « Voilà ce que je veux, voilà ce que je cherche, voilà ce que je brûle de faire. » Et dans le même moment il dépose sa besace et son bâton, jette sa bourse avec horreur et ôte ses souliers ; il échange sa ceinture de cuir contre une corde et se revêt d'une grossière tunique taillée en forme de croix, voulant immédiatement mettre en pratique ce qu'il venait d'entendre et se conformer en tout à la Règle des Apôtres. [1)] De ce jour date véritablement la fondation de l'Ordre des Frères-Mineurs; en ce jour saint François posa la pierre fondamentale de l'édifice de son Ordre, destiné à resusciter le véritable esprit des Apôtres, par la pauvreté volontaire, la sincère humilité et le zèle pour la gloire de Dieu et le salut des âmes. [2)]

Heureux d'être pauvre, absolument pauvre, il ne songeait plus qu'à évangéliser le monde, à gagner des âmes à Dieu. Il passait la nuit en prière à la Portioncule et le jour il se rendait à Assise, sa ville natale, pour prêcher la pénitence et la paix. Il prêchait bien sempiement, dit Thomas

1) Thomas de Célano, Vie I p. I ch. IX. — Trois Compagnons, ch. VIII.

2) Chronique des XXIV. Généraux fol. I. — S. Antonin, Chronique, p. III tit. 24.

de Célano; mais ses paroles étaient tellement animées du souffle de Dieu, qu'elles pénétraient les âmes comme un feu ardent et remplissaient d'admiration tous ceux qui venaient l'écouter. Une telle prédication, jointe à de tels exemples ne pouvait rester longtemps infructueuse. Bernard de Quintavalle, homme fort riche et jouissant d'une grande autorité à cause de sa sagesse et de sa prudence, fut vivement touché de la prédication et des vertus de saint François et songea déjà à embrasser le même genre de vie. Mais il voulut d'abord s'assurer, si la sainteté de François était bien solide et sincère. Il fit si bien, qu'il décida le saint à passer la nuit avec lui dans la même chambre, et afin de pouvoir le surveiller plus à son aise, il feignit de dormir profondément. François, le croyant endormi, se leva doucement et se mit à prier, à louer Dieu et la sainte Vierge. Puis, les yeux baignés de larmes et le coeur embrasé d'amour, il finit par répéter ces paroles: Mon Dieu et mon Tout! Mon Dieu et mon Tout! jusqu'à ce qu'il fut absorbé dans une merveilleuse contemplation. Tout ému à ce spectacle, Bernard se dit en lui-même: Vraiment François est un homme de Dieu. Sa vocation était décidée; dès le lendemain matin il manifesta à son hôte le désir de partager son genre de vie. L'exemple de Bernard décida la vocation de Pierre de Catane, chanoine-clerc de saint Ruffin, cathédrale d'Assise. [1] Les deux disciples, s'empressèrent de dis-

1) Thomas de Célano (Vie I p. I ch. X) dit qu'un jeune homme

tribuer leurs biens aux pauvres et prirent l'habit de pénitence. Heureux de cette conquète, François les conduisit le même jour à la Portioncule, où, comme le disent les Trois Compagnons, ils se construisirent une petite maison. 1) C'était le 16 Avril 1209.

Huit jours après un autre habitant d'Assise, Egide, vint trouver saint François à la Portioncule et le supplia à genoux de le recevoir en sa compagnie. 2) « Mon Frère, lui répondit François, tu veux que Dieu t'agrée comme son serviteur et son soldat. Ce n'est pas peu de chose! Si l'empereur venait à Assise et voulait choisir

d'Assise *puer* (édit. des Boll.) se joignit à saint François, avant Bernard de Quintavalle; mais il ne le nomme pas et ne dit pas qu'il ait pris l'habit de pénitence avant Bernard. Nous verrons plus loin que c'est Fr. Morico-le-Petit, qui ne reçut l'habit religieux qu'un peu plus tard.

1) Les Trois Compagnons ajoutent : où ils demeuraient *quelques fois*. Ils expliquent aussitôt ce mot *quelques fois* en disant que dans l'espace de quelques semaines ils quittaient cette maison à plusieurs reprises, pour aller en mission ; mais ils revenaient toujours dans cette même maison, n'en ayant pas d'autres. L'Anonyme de Pérouse dit aussi que saint François s'établit à la Portioncule avec ses premiers compagnons.

2) Anonyme de Pérouse. Dans les deux manuscrits antiques conservés dans les archives du couvent de Saint-Isidore à Rome et contenant la vie du B. Egide, il est dit aussi que le B. Egide alla trouver saint François à la Portioncule où il s'était établi avec ces deux compagnons. Frère Léon, écrivant la vie du Frère Egide raconte que celui-ci rencontra saint François dans une cabane près d'une léproserie. (Chronique des XXIV Généraux Mais il ne dit pas que ce fut à Rivo-Torto ; il n'y avait là jamais de léproserie. Celle-ci se trouvait à une petite distance de la Portioncule, sur la route d'Assise. Frère Léon qui rédigeait avec Frère Ange et Frère Ruffin la Légende des Trois Compagnons, ne mentionne d'autre habitation que celle de la Portioncule.

un favori, chacun se dirait: Plût à Dieu que ce fût moi. » L'ayant relevé il l'embrassa et le présenta à Bernard et à Pierre en disant: « Voici un bon Frère que Dieu nous envoie. » Le même jour, dit l'Anonyme de Pérouse, une pauvre femme vint demander l'aumône à la Portioncule. Saint François, qui avait pris la résolution de ne jamais rien refuser à quiconque demanderait l'aumône au nom du Seigneur, voulait inspirer à ses disciples le même amour pour les pauvres. Il appela Frère Egide et lui dit: Mon Frère, donne à cette pauvre femme, pour l'amour de Dieu, le manteau que tu portes. (car il n' avait pas encore reçu l'habit de pénitence). Egide s'empressa d'obéir et donna son manteau avec une joie visible. A peine l'aumône était-elle faite, qu'Egide eut la consolation de la voir s'envoler vers le ciel. 1) Le Frère Egide était peut-être parmi tous les disciples de saint François, celui qui ressemblait le plus à ce maître séraphique par son amour de la pauvreté et ses communications intimes avec Dieu. Saint Bonaventure lui rend le témoignage qu'il était plus semblable à un ange qu'à un homme: « Moi-même dit-il, je l'ai vu de mes propres yeux, ravi en extase » 2)

Dès que François eut trois disciples, il résolut de les envoyer en mission. Bernard et Pierre

1) Anonyme de Pérouse. — Les Trois Compagnons (ch. XI) racontent le même fait; mais ils ne nomment pas le Frère qui fit l'aumône; cependant ils disent que celá est arrivé à la Portioncule.

2) S. Bonaventure Lég. Maj. ch. III.

allèrent vers le nord, tandisque François et Egide se rendirent dans les Marches d'Ancône. Mais cette première mission fut très courte ; les nouveaux prédicateurs ne tardèrent pas à retourner à la Portioncule, [1] où ils eurent la consolation de trouver trois autres habitants d'Assise, qui demandèrent à être reçus dans l'Ordre : C'étaient Sabatin, Morico et Jean della Capella.

Frère Sabatin n'a guère laissé de souvenir dans l'histoire. Morico, surnommé le *Petit*, est le jeune homme qui le premier s'était attaché à saint François. [2] Jean, surnommé *Capella* ou *della Capella* parcequ'il se complaisait à porter un chapeau, devint le Judas du nouveau collége apostolique. Chargé, comme l'Apôtre infidèle, de pourvoir aux besoins des Frères par le moyen des aumônes, Jean s'attacha peu à peu aux biens de ce monde et perdit l'esprit de pauvreté. Le saint l'en réprimandait souvent et lui prédisait une affreuse maladie, suivie d'une fin malheureuse, s'il persévérait dans ses fautes. Mais Jean

1) Trois Compagnons ch. IX.

2) Thomas de Célano parle d'un jeune homme *puer* qui s'est oint à saint François avant Bernard de Quintavalle. Comme le remarquent les Bollandistes, Thomas a classé ce jeune homme parmi lez six premiers compagnons ; or ce ne peut être que Morico. En effet l'Anonyme de Pérouse le nomme Morico-le-Petit et à la Portioncule dans la chapelle où saint François est mort. Spagna, un élève du Pérugin, représenta le Frère Morico sous les traits d'un jeune homme de 14 ans. On a souvent confondu ce Frère Morico avec un autre du même nom, qui, suivant S. Bonaventure, entra dans l'Ordre en 1212, après avoir été guéri miraculeusement au moyen de pain trempé dans l'huile de la lampe de la Portioncule.

était incorrigible. Bientôt il fut atteint de la lèpre ; n'ayant pas la force de supporter cette dure épreuve, il quitta la Portioncule et dans un accès de désespoir le malheureux se pendit. [1]

Après la première mission, saint François priait un jour dans la chapelle de la Portioncule, l'âme remplie de tristesse au souvenir des années qu'il avait mal employées. Il répétait souvent ces paroles ; Mon Dieu, ayez pitié de moi pauvre pécheur. Tout à coup son âme fut inondée d'une joie ineffable ; il se sentit intimement convaincu que tous ses péchés lui étaient remis et qu'il vivait dans une parfaite amitié avec Dieu. Cette lumière intérieure fut suivie d'un ravissement, pendant lequel Dieu lui dévoila tout l'avenir de son Ordre. Au sortir de cette extase, rayonnant de son innocence baptismale restituée et rempli des promesses divines, il vint trouver ses disciples et leur dit : « Courage, mes chers Enfants, réjouissez vous dans le Seigneur ! Que votre petit nombre ne vous attriste pas ; que ma simplicité et la vôtre ne vous alarment point ; Dieu m'a révélé que par sa bénédiction, il nous fera croître en nombre et nous disséminera jusqu'aux extrémités du monde. Ce que j'ai vu, je voudrais le taire ; mais je suis obligé par charité de vous en parler, pour votre encouragement. J'ai vu une grande multitude, venant à nous pour prendre le même habit et mener notre genre de vie. Il me semble encore entendre le bruit de ceux qui

1) Bernard de Bosso M. S. — Chronique des XXIV Généraux.

vont et viennent pour exécuter les ordres de l'obéissance; j'ai vu les chemins remplis d'hommes qui marchaient vers ce lieu en toute hâte. Les Français viennent, les Espagnols s'empressent, les Anglais et les Allemands accourent: toutes les nations s'ébranlent. » Ces paroles remplirent les pauvres Frères de joie et de consolation. 1) Nous verrons plus loin avec quelle exactitude s'est réalisée cette prophétie, qui par son lyrique enthousiasme rappelle celle du Prophète Isaïe sur l'établissement de l'Eglise.

Sur ces entrefaites arrivait un septième disciple, Philippe-le-Long. Brûlant du désir de sauver des âmes, François résolut de les envoyer une seconde fois dans le monde, prêcher la pénitence par la parole et l'exemple: « Allez, mes chers Enfants, leur dit-il, allez deux à deux vers les diverses parties du monde et annoncez aux hommes la paix et la pénitence pour la rémission des péchés. Soyez patients dans la tribulation et soyez assurés que Dieu accomplira en vous ses desseins et ses promesses. Répondez humblement à qui vous interroge; bénissez celui qui vous persécute; remerciez ceux qui vous offensent et vous calomnient, car c'est à ce prix que le Royaume du Ciel vous est promis. » Tous reçurent cet ordre avec une vive allégresse. Ils se prosternèrent aux pieds de leur saint Fondateur qui les embrassa, l'un après l'autre en disant à cha-

1) Thomas de Célano, Vie I p. I ch. X — Trois Compagnons, ch. X.

cun d'eux : « Mettez toute votre sollicitude dans le Seigneur, et il vous nourrira. » [1] Après avoir reçu une dernière bénédiction, ils quittèrent la Portioncule et se dirigèrent deux à deux vers les villes et les campagnes, comme autant d'anges de paix et de salut.

Cette seconde mission ne fut guére plus longue que la première. Le tendre Pére éprouva bientôt un vif désir de revoir ses Enfants réunis. Comme il n'avait aucun moyen de leur communiquer sa volonté, il s'adressa à Dieu par une fervente prière. Tous retournèrent aussitôt sur leurs pas, sans avoir reçu aucun avis, et arrivèrent ensemble à leur grande admiration [2] au petit convent de Sainte-Marie-des-Anges. [3] Il est impossible d'exprimer la joie qu'éprouvèrent le Maître et les disciples de se retrouvrer d'une façon si merveilleuse dans leur humble retraite. Cette consolation leur fit bien vite oublier les mauvais traitements qu'ils avaient subis. En outre ils eurent la consolation d'embrasser quatre nouveaux compagnons que les Frères avaient amenés avec eux : Jean de S. Costanzo, Barbaro, Bernard de Vigilante de Vida et Ange Tancrède de Rieti. François lui-mêmę avait fait la conquète de ce dernier. Durant cette mission, le saint Patriarche était allé jusqu'à Rieti. En traversant les rues de cette ville, il aperçut un brillant che-

1) Thomas de Célano, Vie I p. I ch. X — Trois Compagnons, ch. X.
2) S. Bonaventure, Lég. Maj. ch. III.
3) Trois Compagnons, ch. XI.

valier qu'il ne connaissait pas, mais dont la vocation lui fut divinement révélée : « Frère Ange, lui dit-il, il ya assez longtemps que vous portez le baudrier, l'épée et les éperons ; il faut maintenant que vous ayiez pour baudrier une corde, pour épée la croix du Christ et pour éperons la poussière des chemins. Suivez-moi et je ferai de vous un soldat de Jésus-Christ. » Ces paroles produisirent un effet si merveilleux sur Ange de Tancrède, qu'il quitta sur-le-champ ses armes et son riche uniforme pour revêtir l'humble habit des Frères-Mineurs et s'enroler sous la bannière de la Pauvreté évangélique. 1)

Voyant sa famille augmenter en nombre, le saint Patriarche jugea le moment venu de pre-

1) Ce fait est tiré de l'Opuscule des actions de saint François dans la vallée de Riéti. Wadding croit que Fr. Ange de Riéti lui-même est l'auteur de cet opuscule et dit que la conversion du Fr. Ange eut lieu durant le voyage que saint François fit à Rome, avec ses onze compagnons. Mais aucun des premiers historiens ne raconte que le saint ait passé par Riéti pour se rendre à Rome ; cette ville etait tout à fait en dehors de son chemin, et le but unique de saint François était alors d'arriver directement à Rome. Deplus les Trois Compagnons et l'Anonyme de Pérouse disent que le Pape fit donner la tonsure à saint François et à ses onze compagnons... voulant que tous les douze fussent clercs : (ch. XII) Celà prouve que saint François n'avait alors que onze compagnons et que le Fr. Sylvestre, prêtre, n'était pas du nombre. Celui-ci devint le douzième disciple après le retour de saint François à Assise. Ange de Riéti, qui est classé par tous les historiens au nombre des douze premiers compagnons, est donc le onzième, et a été reçu dans l'Ordre avant le départ de saint François pour Rome. L'Appendice qui a été ajoutée à la Légende des Trois Compagnons probablement au commencement du XIV° siècle donne à Ange de Riéti le onzième rang. C'est aussi l'opinion des Bollandistes.

scrire une règle de vie à ses disciples, et de faire approuver son Ordre par le Souverain Pontife. Il se mit en prière et, à l'ombre du sanctuaire de Marie, il écrivit une Règle, composée principalement de sentences de l'Evangile. 1)

Les Frères reçurent cette Règle comme dictée par Dieu lui-même et tous ensemble quittèrent leur chère retraite de la Portioncule, et allérent à Rome pour demander au Pape Innocent III, l'approbation de leur Institut. Thomas de Célano dit, que saint François en en composant la Règle écrivit ces paroles : *Et sint minores*, qu'ils soient les mineurs (ou les derniers ;) et aussitôt il s'écria : « Oui, je veux que cette fraternité soit appelée l'Ordre des Frères-Mineurs. 2)

1) Suivant les premiers biographes cette Règle était courte. Ce n'est donc pas celle que Wadding donne comme la première. Celle que cite le célèbre annaliste est au contraire presque deux fois plus longue que la Règle definitive. La Règle dont parle ici Wadding est l'avant dernière qne le saint fondateur comprosa en 1219 ; elle contient d'aillenrs les décisions p·ises au chapitre général de l'an 1219, au sujet des ministres provinciaux, des chapitres etc. Les premiers biographes disent que saint François composa plusieurs Règles, outre celle qu'il donna définitivement à ses Frères.

2) Vie 1 p. I ch. XV.

CHAPITRE III

Approbation de la Règle. — François s'arrète à Orte et à Rivo-Torto. — Retour à la Portioncule qu'il obtient des Bénédictins. — Le prêtre Mozzangoli. — Apparition de Jésus et de la sainte Vierge. — Révélations.

Les humbles pélerins voyagèrent pieds-nus, sans bourse et sans bâton, ne se nourissant que du pain de la charité et ne s'entretenant que de la gloire de Dieu et de la sanctification des âmes.

Arrivé à Rome vers la fin du mois de mai 1209,[1] François eut la bonne fortune d'y rencontrer son sympathique ami et protecteur, Guido, évêque d'Assise, qui le recommanda à Jean Colonna de saint-Paul cardinal-évèque de Sabine. Grâce à cette protection, François triompha des hésita-

1) Los Bollandistes, Acta S. S. 4 Oct. — Muratori, Annali d'Italia anno 1209. — Cristofani, Storie d'Assisi, I. 22.

tions du Pape et des cardinaux qui n'osaient pas d'abord approuver un Ordre dont la pauvreté était si absolue. Innocent III confirma la Règle de vive voix et promit sa protection au Pauvre d'Assise.

Comblé de joie de voir son Ordre protégé par le Pape, le saint Fondateur quitta Rome avec ses onze compagnons et se dirigea vers Assise. Il s'arrêta quinze jours près de la ville d'Orte [1] et de là, au lieu de se rendre dans sa première demeure, il vint s'établir à Rivo-Torto. [2] Voici comment les Trois Compagnons racontent ce fait: « Le bienheureux Père s'arrêta aussi avec ses Enfants dans un endroit qu'on appelle Rivo-Torto, où se trouvait une hutte abandonnée et si étroite qu'ils avaient à peine de la place pour s'asseoir ou prendre leur repos. » [3] François n'y resta que fort peu de temps. [4] Le seul motif que

1) Thomas de Célano Vie I p. I ch. XIV.

2) Pendant que saint François se trouvait à Rivo-Torto l'empereur Othon IV, passait devant la cabane se rendant à Rome pour être sacré et couronné empereur. Or d'après les Bollandistes, (Act S. S. 4 Oct.), l'Aquila Sueva, — et Muratori, (Ann. d'Ital.) il a été couronné au mois de septembre ou octobre 1209.

3) Trois Compagnons, ch. XIII.

4) Jean de Ceprano dit: mox reliquit istud tugurium. — Cristofani, Storie d'Assisi I 24. dit la même chose.

Depuis quelques siècles les historiens ont répété que saint François s'était établi primitivement à Rivo-Tort et y avait reçu ses premiers compagnons. Or de tous les historiens du XIIIe siècle, aucun ne mentionne Rivo-Torto avant le retour de saint François de Rome. Au contraire, tous ceux qui parlent de sa première demeure, nomment la Portioncule. Que saint François fonda son Ordre à la Portioncule, qu'il s'y établit avec ses onze premiers compagnons, qu'il y écrivit sa première Règle et qu'il les premiers biographes donnent pour expliquer le départ de Rivo-Torto, est que les Frères furent ennuyés par un paysan, qui vint un jour y installer son âne. Jean Kant dit que ce paysan proféra certaines paroles comme s'il voulait dire : Ces Frères aussi veulent avoir plusieurs maisons. [1] François retourna alors avec ses disciples à Sainte-Marie-des-Anges. Mais laissons ici la parole à saint Bonaventure, qui semble se complaire à exalter les gloires de la Portioncule : « C'est à la Portioncule, dit-il, que prévenu par la grâce d'en haut, saint François, le pasteur du petit troupeau, conduisit ses douze Frères, afin que dans ce lieu béni où l'Ordre des Frères-Mineurs avait pris son origine par les mérites de la Mère de Dieu, il prit aussi son accroissement sous la protection de cette divine Mère. » [2]

Le saint Patriarche n'avait encore acquis nul droit sur la Portioncule, elle était toujours la propriété des moines du Mont-Subasio. Cependant il désirait avoir définitivement une demeure fixe pour sa famille, avec une petite chapelle pour pouvoir prier et assister à l'auguste sacrifice de la messe. Mais n'osant pas tout d'abord demander le vénérable sanctuaire de la Portioncule, l'hum-

partit de là pour se rendre à Rome, ce sont là autant de faits historiques, qui, suivant les Bollandistes, ne peuvent plus être contestés aujourd'hui.

1) Poème de S. François.

2) Leg. Maj. ch. IV. D'après les premiers biographes saint François retourna à la Portioncule avant de l'avoir obtenue des Bénédictins. Wadding dit qu'il la reçut au commencement de l'an 1210.

ble François alla trouver l'évêque d'Assise et le pria d'affecter une chapelle au service de sa famille religieuse, avec une pauvre maison. Le bon évêque n'avait, à son grand regret, aucune chapelle dont il pouvait disposer. François se rendit alors chez les Bénédictins du Mont-Subasio et adressa la même demande au Père Abbé. Par la volonté et l'inspiration de Dieu [1] l'Abbé acquiesça promptement à sa demande et lui concéda toute la Portioncule, c'est-à-dire la chapelle de la Reine des anges, les vieilles constructions qui s'y trouvaient, ainsique le petit terrain qui l'environnait.[2] Le généreux fils de saint Benoit mit pourtant une condition à ces largesses: « Nous vous concédons, bon Frère, lui dit-il, ce que vous demandez, mais nous voulons que la Portioncule soit toujours Chef et Mère de votre Ordre; *Caput et Mater omnium vestrum.* » [3] Le bonheur de François fut au comble. Jamais donation ne pouvait lui être plus agréable et il n'eut aucune difficulté à promettre que sa chère Portioncule serait toujours Chef et Mère de son Ordre, vu que déjà, par le fait elle en était le berceau.

Le pauvre François ne voulait rien posséder en propre; c'est pour cela qu'il s'engagea spontanément à envoyer tous les ans aux Religieux

1) S. Bonaventure, Leg. Maj. ch. IV. — Trois Compagnons ch. XIII.

2) Trois Compagnons ch. XIV.

3) Alvaro Pelago et Bartoli della Rossa, Hist. crit. Indul. Port. Les deux habitaient la Portioncule en 1307 (Papini, Notizie sicure.) — Barthólémy de Piso, idem.

du Mont-Subasio un petit panier de poissons, plus encore pour se proclamer leur tributaire et leur débiteur que pour leur exprimer sa profonde gratitude. Après avoir rendu grâces au Seigneur et remercié les Bénédictins, François s'empressa de retourner à la Portioncule pour annoncer à ses Frères l'aumône qui venait d'être faite à leur *Dame la Pauvreté*. C'est elle en effet qui avait obtenu de Dieu que ce serait sous les auspices de la Reine des anges, que leur Ordre reçût cet admirable accroissement, révélé au saint fondateur dans cette même chapelle, peu de mois auparavant.

François, qui toute sa vie ne démentit jamais la courtoisie de sa jeunesse, se rendit avec le même empressement chez le prêtre Mozzangoli d'Assise, chapelain de la Portioncule. Il l'informa de la faveur que les Bénédictins venaient d'accorder à sa petite communauté. Connaissant l'attachement du pieux prêtre à ce béni sanctuaire, il essaya de l'exhorter à ne point entraver la bonté de ses bienfaiteurs et à permettre aux Frères de rester les paisibles possesseurs du sanctuaire. [1] La vraie piété n'est jamais jalouse. Le bon prêtre n'eut pas plus tôt entendu cette nouvelle, qu'il embrassât le serviteur de Dieu ; il lui répéta que son plus grand bonheur était de voir la bienheureuse Vierge Marie honorée par un choeur de pieux et fidèles serviteurs, qui chanteraient sans cesse ses louanges avec celles de son divin Fils. S'adressant ensuite aux Frères, il les félicita d'être

1) Wadding.

devenus les heureux tenanciers « de la sainte maison de Dieu, si chère à Marie, si fréquentée par les anges et tant favorisée par les concerts célestes. » Soit qu'il jugeât nécessaire de recommander ce sanctuaire aux soins et à la vénération de saint François et de ses compagnons, soit qu'il crut devoir prouver la sincérité de ses félicitations, il fit venir sur-le-champ un laboureur qui demeurait dans le voisinage de la Portioncule. A son arrivée il lui ordonna de répéter en la présence du saint ce qu'il avait déjà raconté en plusieurs autres circonstances. Sur cette injonction, le paysan répondit modestement que souvent pendant la nuit il avait entendu une mélodie divine sortir de la chapelle de la Portioncule et vu une brillante lumière resplendir à travers ses fenêtres.

François retourna à Sainte-Marie-des-Anges, vivement touché de la bonté du pieux ecclésiastique, mais plus encore des choses merveilleuses qu'il venait d'entendre. Il fut si heureux de cette acquisition qu'il résolut de passer la nuit dans la chapelle même. Dieu voulait le rendre témoin de merveilles plus grandes encore. Vers minuit, pendant que le saint était en prière, la chapelle fut soudain illuminée d'une lumière éclatante. Au dessus de l'autel apparurent Jésus et Marie avec une multitude d'esprits célestes. Le divin Sauveur et sa Mère contemplaient leur serviteur avec bonté. Ce regard si bienveillant ranima le courage de François; après avoir adoré Notre Seigneur et salué la Vierge Marie, il leur adressa ces paroles: « Très saint Seigneur Roi des cieux et Rédempteur du monde et vous Reine des choeurs célestes, d'où vous vient une telle condescendance et affection pour ce lieu, que vous daigniez descendre du haut des cieux sur cet humble autel? » Jésus lui répondit: « Je suis venu pour fiancer ce lieu à ma Mère. » [1] Après quelques autres révélations, l'apparition disparut.

François resta longtemps comme en extase; Le matin venu, il dit à ses Frères dans un transport de joie et d'allégresse: « Véritablement c'est ici un lieu saint, qui devrait être habité plutôt par des anges que par des hommes. Tant que je le pourrai, je n'en sortirai pas; Il sera pour moi et pour les miens un monument éternel de la bonté divine. » [2]

Thomas de Célano complète ce merveilleux récit par les paroles suivantes: « Le bienheureux Père disait savoir par révélation divine que la B. Vierge Marie aimait ce sanctuaire d'une affection spéciale, entre toutes les églises élevées en son honneur dans le monde entier » et il ajoute « c'est pour celà surtout que le saint chérissait la Portioncule plus que tous les autres lieux du monde. » [3]

Ainsi, par une suite de dispositions providentielles quelques ermites de l'Orient élèvent le

1) Bartoli, Hist. crit. de Ind. Port. (1325) — D'après Wadding Jésus dit « Je suis venu avec ma Mère pour fiancer toi et les tiens à ce lieu de prédilection et à ce sanctuaire qui nous est cher. »
2) Wadding, an 1210, n. 28 et 29. — Barthélémy de Pise.
3) Vie II p. I ch. XII. — Trois Compagnons ch. XII.

petit sanctuaire de la Portioncule à la Reine des anges. Le Patriarche des moines de l'Occident le reconstruit; la mère de saint François y obtient son fils qui plus tard relève l'édifice sacré de ses ruines. Dans ce même sanctuaire, Jésus, par une parole de l'Evangile, révèle à François sa vocation divine, lui fait fonder un Ordre nouveau et lui manifeste l'avenir de sa famille religieuse. C'est là que sous l'inspiration de Dieu est écrite la première Règle; c'est là qu'est le berceau de la famille séraphique; Chef et Mère de l'Ordre franciscain. [1] Sur ce sanctuaire, s'élève, comme sur un mouument solide l'admirable structure de l'Ordre des Frères-Mineurs. » [2] Mais la plus belle gloire et le plus noble privilége de la Portioncule est d'être spécialement chère à la Reine des anges entre tous les sanctuaires dédiés à sa gloire dans l'univers entier.

1) Ce titre a toujours été maintenu par l'Eglise. Plus tard quelques Papes donnèrent par privilége le même titre à la Basilique de Saint-François, construite après la mort du séraphique Père sur la colline d'Enfer, où par humilité il voulut être enterré. Le Pape Benoit XIII s'exprime ainsi dans sa Bulle *Qui pacem loquitur*. « La Basilique de la Bienheureuse Vierge Marie de la Portioncule près d'Assise, où le séraphique Patriarche a commencé son Institut, doit être reconnue par tous les Frères-Mineurs, comme *Mère* de l'Ordre, par raison d'origine de l'Ordre même; comme aussi la Basilique d'Assise doit être reconnue pour Mère à cause du Corps du saint Fondateur. »

2) Thomas de Célano Vie II p. I ch. XII.

Chapitre IV

Nouveaux disciples. — Instructions de saint François à ses Frères. — La prière. — Le char de feu. — Le silence. — La discrétion de saint François. — L'amour de la pauvreté. — Apparition de Jésus-Christ.

Dès que François fut définitivement établi à la Portioncule, le nombre de ses disciples augmenta rapidement. Parmi ceux qui accoururent les premiers sous la houlette de ce bon pasteur, quelques uns ont obtenu une place spéciale dans son coeur et ont laissé un souvenir plus vivant dans l'histoire. Tel fut le Frère Léon de Viterbe, le candide Léon que saint François appelait dans sa tendresse *la pecorella di Dio* la petite brebis du bon Dieu. Le saint en fit son confident et jusqu'à sa mort il lui ouvrit sa conscience et lui manifesta tous les secrets de son coeur. Frère Léon connaissait donc mieux qu'aucun autre les mystères de la vie surnaturelle de son bien-aimé Père. Aussi, fut-il chargé de rédiger avec le Frère Ange de Rieti et le Frère Ruffin la *Vie de saint François*. Frère Ruffin, que nous venons de nommer, descendait de la noble famille des Scifi, alliée par le sang à la famille de sainte Claire. Doué d'une rare modestie et d'une patience à toute épreuve, il atteignit en peu de temps les sommets de la perfection. Saint François disait un jour à ses compagnons : « Sachez mes Frères, que l'âme du Frère Ruffin, comme Dieu me l'a révélé, est une des trois les plus saintes qu'il y ait au monde ; je n'hésite pas de l'appeler un saint, puisque son âme est déjà canonisée au ciel. » [1]

Après lui, vient le Frère Massé natif de Marignan. Il joignait à d'éminentes vertus le talent de parler de Dieu avec éloquence et onction. Au petit couvent de la Portioncule, où il était employé pendant quelque temps à la fois comme cuisinier et portier, il excitait l'admiration de saint François lui-même par sa douce amabilité. Signalons enfin le Frère Junipère qui poussait jusqu'à la passion l'amour des humiliations et la pratique de la simplicité évangélique. Le bienheureux Père, devinant le fond de vertu qui l'animait, disait, en faisant allusion à som *Juniperus* qui veut dire genévrier : « Plût au Ciel que nous eussions une forêt de pareils genévriers » ; et sainte Claire, qui avait pour lui une

1) Vita Fr. Ruffini in Chron. XXIV Génér.

affection de soeur, l'appelait à cause de sa simplicité « le joujou du bon Dieu. » [1] Le saint Patriarche reçut à cette époque un grand nombre d'autres disciples au couvent de la Portioncule. Jusqu'en l'année 1219 il s'était réservé exclusivement le droit d'admettre les postulants dans l'Ordre et il les faisait passer tous par la Portioncule pour les former à la vie religieuse. [2]

Arrêtons nous un instant pour jeter un coup d'oeil dans l'intérieur du cénacle franciscain. La pieuse solitude de Sainte-Marie-des-Anges a pour l'historien comme pour l'âme pieuse un attrait tout spécial. Elle rapelle les jours les plus heureux de la Thébaïde au temps des Antoine et des Pacôme. Ce que l'histoire nous rapporte fait voir clairement que la Portioncule a été chaque jour le théâtre de quelque nouveau prodige ou de quelqu'acte de vertu, dont l'héroïsme devait causer l'admiration des anges.

Se voyant entouré d'hommes héroïques, tout remplis du désir d'atteindre les sommets de la perfection chrétienne, le saint Fondateur cherchait avec une sollicitude toute paternelle à développer en eux l'amour de Dieu, avec l'amour de la pauvreté et de l'humilité. Il leur enseignait à faire de l'oraison leur exercice principal ; mais il désirait qu'ils s'appliquassent plus spécialement à l'oraison mentale, surtout à la méditation de la Passion de Notre-Seigneur. Cependant en ce

1) Vita S. Clarae c. XXVII in supp. oper. S. Bon.
2) Speculum vitae ch. VIII.

temps là, dit Thomas de Célano, les Frères disaient à leur Père de leur enseigner à prier; car dans leur simplicité, ils ne savaient pas encore réciter l'office ecclésiastique. François leur dit alors: Lorsque vous prierez vous direz le *Pater noster* [1]; puis: Nous vous adorons, ô Christ, dans toutes les églises qui sont dans le monde entier et nous vous bénissons, de ce que par votre sainte Croix vous avez racheté le monde. [2] Les Frères, en parfaits disciples, s'efforçaient de mettre en pratique les conseils de leur Maître et tâchaient même de prévenir les pensées et les désirs de leur Père.

Ils étaient tellement animés du feu de l'Esprit-Saint, qu'ils chantaient le *Pater noster* d'une voix suppliante non seulement aux heures déterminées, mais encore en tout autre temps; car la sollicitude de cette terre ou les soins de cette vie ne les préoccupait guère. Un soir le bienheureux Père s'absenta. Vers minuit, pendant que les uns dormaient et que les autres priaient en silence, un char de feu d'une admirable splendeur entra tout d'un coup par la porte de la maison et fit trois fois le tour de l'habitation. Sur le

1) Jean Kant dit que saint François leur enseignait à saluer d'abord la sainte Vierge par un *Ave Maria*, la Vierge étant la médiatrice auprès du Christ, comme le Christ est le médiateur auprès du Père.

2) Thomas de Célano parle de cette méthode de prier, après le retour de S. François à la Portioncule. S. Bonaventure en parle pendant que les Frères étaient à Rivo-Torto. Les Trois Compagnons disent que S. François l'a enseignée à la Portioncule avant de se rendre à Rome. C'est l'avis des Bollandistes.

char était un grand globe, qui avait l'aspect du soleil et qui transformait la nuit en jour. Ceux qui veillaient en furent très surpris et ceux qui dormaient furent réveillés en sursaut et saisis de frayeur; la lumière était si vive qu'ils se trouvaient éclairés au dedans comme au dehors. S'étant réunis, et se regardant les uns les autres, ils se emandèrent ce que pouvait signifier cette merveille, et en même temps ils s'apperçurent à leur grande surprise que la conscience des uns était clairement manifestée aux autres. Ils comprirent enfin que la source de cette brillante lumière était l'âme de leur bien aimé Père, qui par sa bonté et sa tendre sollicitude pour ses Enfants, leur avait obtenu de Dieu la grâce d'un tel prodige. Ils avaient du reste expérimenté en bien des circonstances que les secrets de leurs coeurs n'étaient pas cachés à leur Père. » 1)

Par ce trait nous voyons que les disciples de saint François ne trouvaient pas le jour assez long pour louer le Seigneur; ils priaient encore à une heure avancée dans la nuit. Les Trois Compagnons et l'Anonyme de Pérouse ajoutent

1) Thomas de Célano Vie I p. I ch. XVII et XVIII.
Le premier biographe Thomas de Célano et le second Jean de Céprano disent que ce miracle est arrivé à la Portioncule. S. Bonaventure dit qu'il est arrivé à Rivo-Torto. Mais S. Bonaventure doit s'être trompé quant au lieu. Il dit lui-même que le char entra par la porte *de la maison* et qu'il fit trois fois le tour de *l'intérieur* de l'habitation; deplus les Frères se *réunirent* pour se consulter. Or d'après les quatre premiers biographes la hutte de Rivo-Torto était si étroite que les douze Frères pouvaient à peine s'asseoir ou se coucher.

qu'ils avaient la coutume de se lever à minuit pour vaquer à la prière, suivant la parole du Prophète : Je me leverai au milieu de la nuit pour chanter tes gloires, ô Seigneur. Afin de favoriser la piété et le reuceillement, le saint fondateur insistait beaucoup sur l'observation du silence et prescrivait à ses disciples des règles charmantes par leur sagesse et leur simplicité. « A Sainte-Marie de la Portioncule, dit Thomas de Célano, l'homme de Dieu, sachant que le fruit de l'oraison se perd par les conversations inutiles, ordonna le remède suivant contre ce défaut : Le Frère qui aura dit des paroles oiseuses, sera tenu d'en faire desuite sa coulpe et pour chaque parole il dira un *Pater noster*. S'il fait la coulpe de son propre gré, il dira le *Pater* pour lui-même. Mais s'il est repris par un autre je veux qu'il le dise pour celui qui l'aura corrigé. »[1] Frère Junipère réussit à garder un silence absolu pendant six mois entiers. Voici la pieuse et ingénieuse méthode qu'il employait : Le premier jour il se proposait de s'abstenir de paroles inutiles en l'honneur du Père, le second en l'honneur du Fils et le troisième en l'honneur du Saint-Esprit. Le quatrième jour il garda le silence par amour pour la sainte Vierge, le cinquième par dévotion envers les anges, le sixième en l'honneur de quelque Saint qu'il voulait en ce jour vénérer d'une manière spéciale et ainsi de suite. [2]

1) Thomas de Célano, Vie II p. III ch. XCV.
2) Wadding, an 1210.

Saint François avait l'abitude de se retirer tout seul dans le petit bois qui se trouvait près de la chapelle de la Portioncule ou dans sa cabane, [1] lorsqu'il voulait se livrer à la prière. « Il cherchait toujours quelque lieu écarté, dit Thomas de Célano, afin que non seulement son esprit mais aussi son corps pût se porter vers Dieu, car ses ravissements étaient fréquents. [2] Quand il revenait de la prière qui, on peut le dire, le transformait en un homme nouveau, il s'efforçait de dissimuler les faveurs célestes dont il avait joui, pour ne pas perdre le fruit de ses communications divines.

Un jour l'évèque d'Assise vint à la Portioncule selon sa coutume pour le visiter. Entrant dans le couvent, il alla tout droit à la cellule du saint sans se faire annoncer et entre'ouvrit la porte. Mais à ce moment il vit le bienheureux Patriarche absorbé dans la prière. Aussitôt il fut saisi d'un tremblement de nerfs; ses membres se raidirent et il perdit la parole. Au même instant il fut vivement repoussé au dehors par la volonté divine qui ne permettait pas qu'on troublât les célestes jouissances de cette âme séraphique. L'évèque, stupéfait, se rendit auprès des religieux et lorsqu'il voulut faire ses excuses il retrouva la parole. [3]

Au milieu de ses visions et de ses extases, le tendre coeur de François se portait sans cesse vers ses disciples pour subvenir à leurs besoins

1) Anoyme de Pérouse.
2) Thomas de Célano, Vie II p. III ch. XXXVIII.
3) Idem ch. XLII et XLIII.

spirituels et corporels; il connaissait d'ailleurs par intuition les pensées et les sentiments qu'ils n'osaient lui manifester. Parmi les jeunes religieux se trouvait un Frère nommé Richard, qui malgré l'éclat de sa naissance occupait un des derniers emplois dans la communauté. Ce bon Frère désirait ardemment l'affection du saint. Mais en même temps il avait l'imagination travaillée par la triste pensée que saint François ne l'aimait pas. Cette idée le tourmentait d'autant plus que tous ceux, croyait-il dans sa simplicité, qui étaient chéris par le saint, étaient aimés de Dieu et qu'au contraire tous ceux que saint François n'aimait pas, méritaient d'encourir l'éternelle colère du Seigneur. Par surcroit de malheur, le pauvre Frère n'osait manifester à personne ses noires appréhensions. Mais un jour qu'il passait par hasard devant la cellule de saint François, le bon Père interrompit aussitôt son oraison et l'appela en disant : « *Figliuolo,* Mon fils chéri, que cette pensée ne t'afflige pas, car je t'aime bien ; sache que tu es même du nombre de ceux que j'aime le plus. Viens donc me trouver quand tu voudras et ouvre-moi ton coeur comme à ton ami [1]) Il est plus facile de s'imaginer que d'exprimer l'étonnement du Fr. Richard, en entendant une interpellation aussi paternelle qu'inattendue. Sa tentation avait disparu pour toujours. Plusieurs autres traits de ce genre montrent avec quelle tendresse saint François aimait les siens.

1) Thomas de Celano Vie I ch. XVIII.

Autant il était dur et rigoureux envers lui-même autant il était doux et indulgent envers les autres. Thomas de Célano nous en fournit une preuve bien convaincante. Nous n'osons reproduire son récit qu'en le traduisant mot à mot: « Le vaillant champion du Christ, dit-il, ne ménageait jamais son corps; il le soumettait à toutes les rigueurs possibles, tant en actes qu'en paroles, comme s'il ne lui appartenait pas. Quiconque voudrait raconter une à une les souffrances que le saint a endurées, dépasserait les expressions et les récits des légendes apostoliques, qui rapportent les souffrances des Saints. De même aussi toute sa première école se livrait à de si grandes austérités, qu'on aurait cru commettre une faute, en faisant quelque chose qui ne servit à entretenir la vie spirituelle. Aussi par suite des cercles de fer dont ces religieux se ceignaient le corps, des cilices dont ils se revêtaient, des veilles prolongées et des jeûnes continuels par lesquels ils s'épuisaient, ils auraient succombé plus d'une fois si la rigueur de leurs macérations n'avait été tempérée par les sages conseils et la discrétion de leur Maître. Une nuit, pendant que tout le monde dormait, un des compagnons se mit à crier: « O Frères, je me meurs de faim! » Aussitôt le bon pasteur se leva et se hâta d'administrer les secours nécessaires à sa brebis mourante. Il fit lever tout le monde et ordonna qu'on dressât la table, sur laquelle ne figuraient que des fruits de la terre et de l'eau à la place du vin, comme cela arrivait souvent. Saint François se mit à manger et invita tous les autres à en faire autant, par charité, afin que le pauvre Frère ne se laissât pas vaincre par la fausse honte. Après que tous eurent pris un peu de nourriture au nom du Seigneur, le bon Père, désirant mettre la perfection à cet acte de charité, leur fit un long discours sur la vertu de discrétion. Il dit d'abord qu'il faut offrir à Dieu des holocaustes *avec du sel* et recommanda vivement à tous de conserver leurs forces au service du Seigneur. Il ajouta de plus que refuser au corps d'une manière indiscrète la nourriture nécessaire, n'est pas un moindre péché, que de lui accorder le superflu par gourmandise. « Sachez, mes très chers Frères, dit-il en finissant, que ce que j'ai fait en mangeant, je l'ai fait par prudence et non par inclination ; la charité fraternelle le voulait ainsi. Que ce soit donc *la charité* et non l'acte de *manger* qui vous serve d'exemple ; la première sert l'esprit, tandisque l'autre sert le corps. » 1)

L'amour de la pauvreté était ce qu'il recommandait le plus ardemment à ses disciples. C'était comme la vertu mère autour de la quelle il groupait toutes les autres ; c'est sur elle qu'il basait tout l'édifice de son Ordre. Il exhortait tous les Frères à aller demander l' aumône de porte en porte dans les villes et les villages voisins du petit couvent. Lui-même leur en donnait l'exemple, en allant quêter, autant que ses occupations le lui permettaient. Dans les premiers temps, quelques

1) Thomas de Celano, Vie II p. I ch. XIV et XV.

uns éprouvaient encore de la répugnance d'aller ainsi mendier, parceque souvent ils recueïllaient plus d'humiliations que d'aumônes. Pour les encourager, saint François leur dit un jour : « Mes trés chers Enfants, le Fils de Dieu était bien plus noble que nous et néanmoins il s'est fait pauvre dans ce monde par amour pour nous. Puisque nous avons choisi la voie de la pauvreté par amour pour lui, ne rougissons pas d'aller demander l'aumône. Rougir de l'héritage céleste, ne convient nullement aux héritiers du Royaume des cieux. Je vous dis que beaucoup de nobles et de savants entreront dans notre Ordre et se croiront honorés de demander l'aumône par amour pour Dieu. Vous donc qui êtes les premiers, réjouissez-vous et soyez pleins d'allégresse ; ne trouvez pas pénible de pratiquer les actes que vous devez laisser en exemple à ces saints personnages. » [1] Une autrefois il leur dit : « Dieu a donné les Frères Mineurs au monde en ces derniers temps, afin que les élus puissent pratiquer en leur faveur, ce qui les glorifiera aux yeux du Souverain-Juge, qui leur dira : Ce que vous avez fait à l'un de mes Frères *mineurs* vous l'avez fait à moi-même. » [2] Le bon Père avait toujours une parole d'encouragement pour ceux qui se prêtaient de bon cœur à cet office. Etant un jour en prière dans sa cellule, il entendit au loin un religieux qui chantait avec un joyeux

1) Thomas de Célano Vie II p. III ch. XX.
2) Idem. ch. XVIII.

entrain. Le saint sortit de sa cellule pour se rendre compte du motif de cette allégresse. Reconnaissant un Frère quêteur, qui revenait d'Assise avec sa besace lourdement chargée, il courut audevant de lui, baisa les épaules qui portaient les aumônes et prenant sur lui le fardeau, il se hâta de rentrer au couvent. A peine arrivé sur le seuil, il s'écria en présence de tous : « Béni soit ce bon Frère qui va à la quête avec promptitude, demande l'aumône avec humilité et retourne avec allégresse. » [1]

Dans une autre circonstance il se rencontra un Frère, qui était loin de mériter ces éloges. Il priait peu, ne travaillait pas du tout et refusa d'aller à la quête ; cependant à table il mangeait pour deux. Saint François, sachant qu'il n'avait pas de vocation religieuse, lui dit un jour : « Va-t-en, Frère Mouche, car tu ne veux que t'engraisser de la sueur de tes Frères et rester oisif dans l'oeuvre du Seigneur, comme l'abeille fainéante, qui refuse d'aider ses compagnes dans leur travail et qui la première veut manger de leur miel. » [2]

Avec l'amour de la pauvreté, François inspirait encore à ses Frères un grand amour pour les pauvres. Il voulait qu'ils aimassent particulièrement les lépreux, bannis en quelque sorte de la société. Les Frères devaient aller tour à tour dans la léproserie voisine de la Portioncule, rendre à ces infortunés les plus vils offices, avec

1) Thomas de Célano Vie II ch. XXII.
2) Idem ch. XXI.

autant d'humilité que de charité. Lui-même faisait ses délices de se trouver avec les lépreux, pour les consoler, les servir et souvent pour les guérir en baisant leurs plaies.

C'est ainsi que le séraphique Père préparait ses disciples à la conquête des âmes. Il semble qu'au commencement le saint avait destiné tous les Frères à la prédication ; mais lorsque la petite troupe commença à devenir une armée, il employa chacun d'eux aux fonctions pour lesquelles il montrait le plus d'aptitude. Pendant que les uns étaient envoyés en mission, les autres étaient chargés de fonder ou d'administrer les couvents ; quelques uns devaient s'adonner plus spécialement à la vie contemplative, d'autres à la vie active, au soin des malades en particulier.

François se décida de nouveau à envoyer ses disciples dans le monde pour travailler au salut du prochain. Bien que parfaitement instruit des dispositions intérieures de ses religieux, il voulut encore se rendre compte par lui-même de leurs aptitudes pour la prédication. Il les assembla donc, et commanda d'abord à Bernard de Quintavalle de parler sur les mystères de la religion. Celui-ci obéit sur-le-champ, et dit des choses fort belles. Pierre de Catane reçut à son tour l'ordre d'exposer les grandeurs divines, ce qu'il fit aussi aisément et aussi savamment qu'un homme consommé dans l'art de la prédication. Un troisième fut appelé à exhorter l'auditoire à fuir le péché et à pratiquer la vertu ; il prêcha avec beaucoup de feu et d'onction. Bref, tous traitèrent leur sujet avec un succès tel, qu'il était manifeste que la sagesse leur avait été communiquée d'en haut. A peine cet essai de prédication fut-il terminé, que Jésus-Christ apparut au milieu d'eux sous la forme d'un beau jeune homme, donna à chacun en particulier sa bénédiction avec une ineffable bonté, et disparut. Cette surprenante apparition les remplit tous d'admiration. François en profita pour leur adresser un magnifique discours, dans lequel il les engagea à remercier Dieu, d'avoir daigné répandre des trésors célestes par la bouche d'hommes simples et ignorants, et d'avoir choisi des prédicateurs vils et méprisables pour sauver le monde, afin que nul ne se glorifie qu'en Dieu et que tous reconnaissent que lui seul est l'origine de tout bien. [1]

Le lendemain, il partagea l'Italie entre ses disciples et les envoya dans toutes les directions annoncer la parole divine. Il prit avec lui Frère Sylvestre, son douzième compagnon et le premier prêtre de l'Ordre, et se réserva la Toscane pour être moins éloigné de Sainte-Marie-des-Anges.

Depuis le commencement du mois d'octobre de l'an 1211 jusqu'au printemps de l'année suivante, l'homme de Dieu parcourait toute la Toscane. Il prêcha à Pérouse, à Cortone, à Arezzo, à Florence, à Pise et dans bien d'autres localités, faisant partout d'admirables conversions et fondant partout des couvents. Les autres Frères, dispersés dans

1) Wadding.

les diverses provinces de l'Italie, travaillaient de leur côté avec le même zèle et le même succès.

Durant ses courses apostoliques, François avait toujours devant les yeux et dans le cœur sa chère Portioncule; il lui tardait d'y retourner pour travailler à la sanctification des nouveaux Frères, que lui et ses compagnons y avaient envoyés. Parmi ces nouvelles recrues se trouvaient Frère Humble de Pérouse, Frère Benoit d'Arezzo, Frère Jean Parent, célèbre jurisconsulte de Florence, Frère Pierre de S. Gemignano, plus tard martyrisé au Maroc, Frère Ange ou Agnello et Frère Albert, les deux de Pise. Citons aussi un autre jeune religieux qui a joué un grand rôle dans l'Ordre séraphique : c'est Frère Elie, né à Beviglio près d'Assise. 1) C'était un homme de grands talents, et aussi longtemps que saint François vécut, Frère Elie fut un excellent religieux. Très attaché à son bien aimé Père, il sut gagner son affection, son estime et sa confiance. Mais après la mort du Saint, auquel il succéda en qualité de Ministre Général, il se relâcha tellement de l'esprit de pauvreté, qu'il ne mit plus de bornes à son luxe et à sa prodigalité; il devint un tyran pour les saints religieux qui eurent le malheur de lui déplaire, et après avoir été excommunié deux fois par le Pape, il mourut en dehors de

1) Affò, *Vie du Fr. Elie* et Angeli, *Hist. du couv. d'Assise*, prouvent qu'Elie est né à Beviglio. Jacques des Oddis, *Franceschina*, le nomme en effet *Elie de Beviglio*. D'autres le nomment Fr. Elie d'Assise. Il est mort à Cortone, c'est pour cela que certains historiens l'appellent Elie de Cortone.

l'Ordre, mais non sans avoir demandé pardon à Dieu [1].

1) Selon tous les historiens du XIIIe siècle, Frère Elie fut un bon religieux jusqu'à la mort de saint François. Ils ont toujours eu soin de rapporter les blâmes que le saint infligea à certains religieux, comme à Jean de Stracchia et à Pierre de Catane, pour avoir dérogé à l'esprit de pauvreté. Mais ils ne font pas la moindre allusion à la tendance qu'on reprocha depuis au Frère Elie, d'avoir voulu réformer l'esprit de la Règle; au contraire, ils parlent toujours de lui avec éloge. Rien ne permet de croire non plus que le saint Patriarche ait prévu, et encore moins prédit, qu'Elie tomberait dans le relâchement. En 1217 il le nomma provincial de Toscane; en 1221 à la mort de Pierre de Catane il en fit son Vicaire Général, et avant de mourir il le désigna comme son successeur, à la grande joie de tous les religieux. Thomas Eccleston et Salimbene dévoilent tout ce qu'il y eut d'odieux dans la conduite du Frère Elie après la mort de saint François; mais avant ce temps ils n'ont aucun reproche à lui faire; son relâchement commença avec la construction de la Basilique de S. François à Assise. Frère Ubertin de Casale, qui finit en 1305 son ouvrage *Arbor vitae*, raconte le premier que Fr. Elie voulait introduire l'abstinence absolue, qu'il portait un bel habit, qu'il voulait empêcher le saint fondateur de prescrire dans sa Règle la stricte pauvreté et tant d'autres traits que les *Fioretti* ont popularisés depuis. Mais Frère Ubertin ne cite aucune autorité à l'appui de ses assertions. Il se contente de dire qu'il les à copiées d'un livre, sans se donner la peine d'en nommer le titre ou l'auteur. Les historiens postérieurs ont trop facilemente ajouté foi à son témoignage suspect, contraire à tous les historiens antérieurs. Le lecteur devinera aisément combien, par ce seul point, l'histoire de saint François change d'aspect !

Chapitre V

Sainte Claire. — Fondation du deuxième Ordre. — Un doute éclairci. — Premier Chapitre. — Fr. Morico le Crucifère. — Fr. Saint-Jean. — Fr. Junipère. — Fr. Jacques. — L'aumône. — Saint François part pour l'Espagne.

Au printemps de l'année 1212, François prêchait le carême dans la cathédrale d'Assise et allumait de plus en plus le feu du divin amour dans le coeur de ses auditeurs. « Alors, dit saint Bonaventure, se servant des expressions du Saint-Esprit, la vigne du Seigneur commença à étendre ses branches; elle poussa des fleurs d'une odeur trés agréable et produisit en abondance des fruits de gloire.... Il y eut beaucoup de jeunes filles qui firent voeu de virginité, parmi lesquelles Claire apparaissait comme la plante la plus belle du jardin de l'Epoux céleste et comme une étoile plus brillante que toutes les autres. » 1) Claire était une jeune et noble vierge, à qui un prochain avenir promettait les plus riantes espérances. Son père, Favorino, comte de Sassorosso, descendait de l'illustre famille des Scifi et sa mère Hortolana était issue de l'antique famille des Fiumi; ils habitaient un château situé sur le penchant du Mont-Subasio près d'Assise. Dès que Claire eut entendu parler de la sainteté et des oeuvres de François, elle désira ardemment le voir et s'entretenir avec lui. Plusieures fois elle vint à Sainte-Marie-des-Anges, accompagnée d'une vertueuse parente, lui exposa son désir de se consacrer à Dieu, et lui confia la direction de son âme comme à un ange visible descendu sur la terre. Guidé par l'esprit de Dieu, le saint encouragea ses généreuses résolutions, et vers la fin du carême 1212 il lui déclara que l'heure était venue d'exécuter son noble dessein. Suivant les instructions de François, le 18 mars, dimanche des Rameaux, Claire se rendit à la cathédrale pour recevoir des mains de l'évêque la palme symbolique, et le soir même elle quitta secrètement la maison paternelle avec quelques unes de ses confidentes. Vers minuit elle arriva à la chapelle de la Portioncule, au moment où les Frères étaient assemblés pour réciter leurs prières. Le religieux la reçurent le cierge à la main et la conduisirent processionnellement à l'autel de la sainte Vierge. Claire y déposa ses vaines paru-

1) Légende Maj. ch. IV.

res, tandis que François lui coupa les cheveux et la revêtit d'une grossière tunique, avec une corde pour ceinture ; et là sous les regards de Dieu et sous la protection de la Reine des anges, Claire, à peine agée de dix huit ans, voua sa virginité à Jésus, son divin époux et son unique amour. Les religieux chantaient pendant ce temps des hymnes de louanges et d'actions de grâces. « Ainsi il arriva, dit saint Bonaventure, que l'Ordre des Pauvres Dames eut son origine dans le même sanctuaire où prit naissance la milice des Pauvres, sous la conduite de saint François, afin qu'il fût manifeste que la même Mère de Miséricorde avait enfanté l'un et l'autre Ordre dans sa propre demeure. » 1)

Après la cérémonie, saint François conduisit la nouvelle religieuse au monastère des Bénédictines de Saint-Paul près de Bastia, à une lieue de la Portioncule. Quelques jours après, il la fit entrer au monastère de Saint-Ange de Panzo, plus près d'Assise. Claire eut bientôt la consolation d'être rejointe par sa soeur Agnès, qui elle aussi voulait avoir la sainte pauvreté pour Reine, et s'offrir au divin Epoux en victime d'expiation, pour obtenir pardon et miséricorde aux pauvres pécheurs. Enfin le saint fondateur les établit dans la maison attenante à l'église de Saint-Damien, où leur exemple trouva de nombreuses imitatrices. Les Pauvres Dames, ou les Clarisses, observaient alors la Règle des Bénédictines avec quel-

1) Legende de Sainte-Claire ch. I.

ques constitutions particulières, dictées par le cardinal Ugolini, évêque d'Ostie, et nommé par le Pape Supérieur Général des Pauvres-Dames. Ce n'est que douze ans après que saint François leur composa une Règle spéciale. 1)

Au milieu de ces occupations, le serviteur de Dieu sentait un attrait toujours plus puissant pour la vie contemplative. La douceur de ses entretiens avec Dieu faisait pour lui de Sainte-Marie-des-Anges un séjour délicieux; il aurait voulu ne jamais en sortir. D'un autre côté il avait devant les yeux l'exemple du Fils de Dieu fait homme, prêchant l'Evangile sans relâche et achevant sur une croix le ministère de sa vie active. Pressé d'un côté par l'amour de Dieu dont il désirait jouir sans distraction et de l'autre par la charité envers les hommes qu'il voulait sauver, il passait des heures entières dans la sainte chapelle, suppliant Dieu de le tirer de son incertitude, en lui faisant connaître la voie qu'il devait suivre. Mais se défiant toujours de ses propres lumières, il consulta ses religieux, ne dédaignant pas de demander l'avis des plus jeunes et des derniers des Frères. 2)

Mais malgré leurs conseils, il ne laissait pas de demeurer dans une fâcheuse perplexité. Dieu mit ce doute dans l'âme de son serviteur afin que sa vocation apostolique lui fût revélée du Ciel, et aussi pour le rendre plus humble en l'abandonnant à sa faiblesse humaine. Le bienheureux Père

1) Salimbene, Chron.
2) Th. de Célano.

GABRIELE CARLOFORTI — ASSISI

BASILIQUE DE N.-D. DES ANGES-PORTIONCULE

se décida enfin à envoyer Frère Massé et Frère Philippe auprès du Frère Sylvestre, alors retiré sur une montagne près d'Assise, et auprès de Claire, à son couvent de Saint-Damien. Il les priait par ses messagers de consulter le Seigneur, bien résolu de se conformer à leur décision. Le vénérable prêtre et la digne épouse du Christ furent d'accord que c'était la volonté divine que le hérault de Dieu s'adonnât à la vie apostolique. Lorsque les deux religieux revinrent à Sainte-Marie-des-Anges, François les reçut comme des envoyés du Ciel; il leur lava les pieds, les embrassa et leur donna à manger. Puis les menant dans le bosquet attenant à la Portioncule, il se mit à genoux, la tête découverte et baissée avec les bras croisés sur la poitrine, et leur dit: « Apprenez-moi ce que Notre Seigneurs Jésus-Christ me commande de faire. » — « Mon très cher Frère, lui dit Massé, Sylvestre et Claire ont reçu du Seigneur exactement la même réponse: Vous devez aller prêcher; parce que ce n'est pas seulement pour votre salut que Dieu vous a appelé, mais encore pour celui des autres et pour eux il mettra ses paroles sur vos lèvres. » Alors tout brûlant du feu du divin amour et de la soif des âmes, le saint se leva, en s'écriant: « Eh bien, allons au nom du Seigneur. » Il partit sur-le-champ avec Massé et Ange de Rieti. Enivré de l'amour de son Dieu, il ne se contentait pas de prêcher l'Evangile aux hommes; il invitait aussi le soleil, les étoiles, les oiseaux, les fleurs, toutes les créatures à louer et à bénir leur Créateur.

Les oiseaux venaient près de lui et l'écoutaient avec joie comme s'ils comprenaient ce qu'il leur prêchait; ils ne s'envolaient qu'après avoir reçu sa bénédiction [1]

Mais bientôt l'Italie ne suffit plus à la généreuse ambition de notre saint; il ne songeait à rien moins qu'à conquérir à l'Evangile les sectaires de Mahomet ou à tomber sous leurs coups, martyr de la foi. Il se rendit donc à Rome avec deux compagnons, pour communiquer au Pape Innocent III son projet d'aller en Syrie et pour obtenir son consentement et sa bénédiction. Bientôt après il revint à Sainte-Marie-des-Anges avec deux nouveaux disciples: Zacharie, de Rome, et Guillaume, d' Angleterre. Ce dernier fut choisi par saint François, comme un autre Matthias, pour prendre parmi ses douze premiers compagnons la place du malheureux Jean Cappella.

Le saint Patriarche avait décrété cette année (1212) que deux fois par an, à la Pentecôte et à la Saint-Michel, les Frères se réuniraient à la Portioncule. [2] Le 23 mai de cette année eut lieu le premier chapitre de l'Ordre. [3]

1) S. Bonaventure, Leg. Maj. ch. XII.

2) Wadding, année 1212.

3) Les historiens de l'Ordre placent le premier chapitre en l'année 1216. Mais le Bollandiste Zwisken dit qu'il n'est pas douteux que le premier chapitre eût lieu en 1212. Les Trois Compagnons et l'Anonyme de Pérouse disent, que saint François fit ce décret après avoir obtenu la Portioncule. Wadding, qui s'appuye sur d'anciens documents, dit que le saint fit ce décret en 1212. Or il n'y avait aucun motif pour différer l'exécution de ce décret jusqu'en 1216. Les couvents étaient déjà nombreux et

Voici les intéressants détails que les Trois Compagnons donnent sur cette assemblée : « Après avoir obtenu le lieu de Sainte-Marie de l'Abbé des Bénédictins, le bienheureux François ordonna que deux fois par an on y célébrerait un chapitre, savoir : à la Pentecôte et à la Dédicace de saint Michel. A la Pentecôte tous les Frères se rendaient à sainte Marie et traitaient entre eux comment ils pourraient le mieux observer la Règle. Ils désignaient pour les diverses provinces les Frères qui prêcheraient au peuple et indiquaient aux autres les provinces qu'ils devaient habiter. Saint François faisait les admonitions et les corrections, et donnait ses ordres comme il le jugeait conforme à la volonté de Dieu. Tout ce qu'il leur disait en paroles, il le leur démontrait par ses oeuvres. Il honorait les prélats et les prêtres de la sainte Eglise, ainsi que les anciens, les nobles et les riches ; mais quant aux pauvres, il les aimait avec tendresse et plein de compassion pour eux, il se mettait entièrement à leur service.

Quoiqu'il fût le chef de tous les Frères, il voulait néamnoins que l'un d'eux fût son gardien et son maître et il lui obéissait humblement et respectueusement, pour éviter la tentation de

l'administration de l'Ordre exigeait ces assemblées. Deplus il n'est pas croyable que saint François, qui venait d'hésiter s'il devait fonder un Ordre contemplatif ou actif et qui allait partir pour la Syrie sans être sûr d'en revenir, ait quitté l'Italie sans régler l'état de son Ordre, nommer son remplaçant, désigner aux Frères leurs couvents respectifs et faire ses dernières recomandations. Le P. Pamphile de Magliano, *Storia di S. Francesco,* est du même avis.

vaine gloire. [1] Il s'humiliait profondément au milieu des hommes, pour être exalté parmi les élus. Le bienheureux Père recommandait vivemant à tous d'observer la règle du saint Evangile, qu'ils avaient promis d'observer; il désirait surtout qu'ils fussent pleins de respect pour les offices divins et les ordres ecclésiastiques et pleins de piété en assistant à la messe et en adorant le Corps de Notre-Seigneur. Il ajoutait que les Frères devaient honorer et vénérer les prêtres qui traitent les choses saintes, les sacrements en particulier, et que partout où ils les rencontreraient ils devaient non seulement leur baiser les mains, mais encore les pieds des chevaux qui les portaient, par respect pour le caractère sacré des ministres de Dieu. Ils ne devaient juger personne, leur disait-il encore, et ne point mépriser ceux qui vivent delicatement et se vêtent avec luxe, parce que Dieu, leur Seigneur et le nôtre, peut les élire, et par cette vocation les justifier. Au contraire, il voulait que ses disciples les respectassent comme leurs frères et leurs maîtres ; ils sont en effet leurs frères en tant qu'ils sont enfants d'un même Père, et leurs maîtres en tant qu'ils les aident à pratiquer la vertu, en subvenant à leurs besoins corporels.

La conversation des Frères, qui se trouvent au milieu du monde, doit être telle, ajouta-t-il, que quiconque les voit et les entend, en glorifie Dieu.

1) Saint François voulait se soumettre à un de ses disciples pour sa direction personnelle, mais non pour celle de l'Ordre.

Puisque vous annoncez la paix par la bouche, ainsi à plus forte raison devez-vous l'avoir dans le coeur. Ne vous mettez jamais en colère et ne vous scandalisez de rien; mais cherchez par votre mansuétude à promouvoir la paix, la bienveillance et la concorde. Car nous sommes appelés à guérir ceux qui sont blessés, à réconcilier ceux qui sont divisés et à rappeler dans la bonne voie ceux qui sont dans l'erreur. Beaucoup nous paraissent être des suppôts du démon, qui deviendront plus tard des disciples du Christ.

Le bon Père reprenait aussi les Religieux qui menaient une vie trop austère et qui se mortifiaient avec excès, par des veilles, des jeûnes et des pénitences corporelles. Quelques uns en effet faisaient tant de pénitence pour subjuguer la chair, qu'ils semblaient se haïr eux-mêmes. L'homme de Dieu le leur défendait; il les avertissait avec bonté, les reprenait avec justesse et par ses sages remontrances il mettait fin à leur indiscrétion.

De tous ceux qui venaient au chapitre, aucun n'osait parler des nouvelles du monde. On ne s'entretenait que de la vie des Saints et des moyens les plus efficaces pour trouver la grâce de Notre-Seigneur Jésus-Christ. Si l'un d'entre eux avait quelque tentation, ou quelque tribulation, il en était merveilleusement délivré, au son des douces paroles ou à la seule vue du bienheureux François. Celui-ci leur parlait en effet avec bonté, non pas comme un juge, mais comme un tendre père à ses fils, comme un médecin à ses malades; il savait être infirme avec les infirmes, et compatissant avec les affligés. Mais il ne corrigeait pas moins ceux qui commettaient des fautes, et infligeait de justes punitions à ceux qui étaient contumaces ou rebelles. Le chapitre fini, il bénissait tous ses Frères, et les renvoyait dans leurs provinces. » 1)

Après avoir nommé Frère Pierre de Catane son Vicaire et son remplaçant durant son absence, le saint Fondateur alla s'embarquer sur l'Adriatique, pour se rendre en Syrie.

Mais l'heure de la Providence n'était pas encore venue, et François ne devait pas encore abandonner le gouvernement de son Ordre. Le vaisseau balloté par la tempête dut chercher un refuge sur les rivages de l'Esclavonie et le zélé missionnaire vit bientôt s'évanouir tout espoir de poursuivre son voyage. Il profita du départ d'un vaisseau pour se rendre à Ancône, et à la fin d'Octobre de cette même année il était de retour à Sainte-Marie-des-Anges où il reprenait la direction de sa famille.

Parmi les nombreux disciples que le saint reçut à cette époque, il en est deux qui intéressent d'une manière particulière l'histoire de Sainte-Marie-des-Anges : ce sont Frère Morico le Crucifère et Frère Jean.

Dans un hôpital près d'Assise, dit saint Bonaventure, vivait un religieux de l'Ordre des Crucifères, 2) du nom de Morico. Il était si dange

1) Trois Compagnons ch. XIV. — Anonyme de Pérouse.
2) Cet Ordre a été supprimé en 1656 par le Pape Boniface VII.

reusement malade, que les médecins avaient perdu tout espoir de le sauver. Dans sa détresse, Frère Morico envoya quelqu'un à saint François pour le supplier de prier pour lui. Le saint y consentit bien volontiers. Après avoir fini sa prière, il prit un peu de mie de pain, la trempa dans l'huile de la lampe qui brûlait devant l'autel de la sainte Vierge dans la chapelle de la Portioncule et en fit une espèce de pâte. Il la remit ensuite à un de ses Frères en disant: « Portez cette médecine à notre Frère Morico; par elle la puissance du Christ non seulement lui rendra la santé, mais en fera encore un vaillant soldat, qui persévérera dans notre armée. » Dès que le malade eut gouté la médecine préparée sous l'inspiration du Saint-Esprit, il se trouva guéri, et jouit de la vigueur du corps et de l'esprit. Peu après il entra dans l'Ordre des Frères Mineurs et y vécut longtemps. Il ne portait qu'une tunique, macérait sa chair par un cilice, ne mangeait que des herbes, des légumes et des fruits, ne goûtait jamais ni pain ni vin et néanmoins il continuait d'être robuste. 1)

L'autre Frère fut surnommé *Jean le Simple.* Le lecteur est sans doute désireux de savoir pourquoi Frère Jean mérita ce surnom. Thomas de Célano va nous l'expliquer: Saint François, dit-il, se rendit un jour dans un petit village près d'Assise, et chemin faisant il rencontra un homme très simple du nom de Jean, occupé à labou-

1) S. Bonaventure Leg. Maj. ch. IV.

rer la terre. En voyant le saint, Jean lui dit : « Je veux que vous fassiez de moi un Frère, car depuis longtemps je désire servir le bon Dieu. » Le saint eut plaisir à entendre ces paroles, et voyant la simplicité du jeune laboureur, il lui répondit avec bonté : « Mon Frère, si vous voulez devenir un des nôtres, il faut d'abord que vous donniez aux pauvres ce que vous possédez et lorsque vous aurez renoncé à tout, je vous recevrai. » Jean se mit aussitôt à dételer ses boeufs et en offrit un à saint François en disant : « Nous le donnerons ensuite aux pauvres ; je mérite bien une si large part des biens de mon père. » Le saint Patriarche sourit à ces paroles et ne put s'empêcher d'admirer une si affectueuse simplicité.

Mais aussitôt que les parents et les jeunes frères de Jean eurent appris sa détermination, ils accoururent, en pleurant et en se lamentant plus de la perte du boeuf que de celle de leur fils et frère. « Calmez-vous, leur dit le saint Patriarche; tenez, je vous rends le boeuf et j'emmène l'homme. » Il le prit avec lui à la Portioncule, lui donna l'habit de Frère-Mineur et, à cause de sa candide simplicité, il le choisit pour compagnon. Or, lorsque François se livrait à la méditation, Frère Jean imitait exactement tous les gestes et tous les mouvements de son Maître. Si le saint crachait, Jean crachait aussi ; s'il toussait, Jean toussait de même ; s'il soupirait ou pleurait, aussitôt Jean se mettait à soupirer ou à pleurer ; s'il levait les mains vers le ciel le disciple en faisait autant ; en un mot Jean avait sans cesse les yeux fixés sur saint François, comme sur son modèle, pour l'imiter jusque dans les moindres détails. Le saint s'en aperçut un jour et lui en demanda la raison « J'ai promis, répondit le disciple, de faire tout ce que vous faites, et ce serait dangereux pour moi si je négligeais de vous imiter. » Cette simplicité charma saint François ; cependant il lui commanda avec douceur d'agir à l'avenir avec plus de circonspection. Peu de temps après le Frére Jean mourut dans le Seigneur avec cette même pureté et simplicité. François le proposait souvent à l'exemple des autres Frères, et ne l'appelait plus *Jean-le-Simple*, mais *saint Jean.* [1] Frère Jean est le premier des compagnons du séraphique Père, qui ait été enseveli á la Portioncule. [2] Pendant trois siècles et demi son corps reposa auprès de la sainte chapelle. Mais lorsqu'on construisit la basilique actuelle, il fut transféré dans la cabane de saint François située dans la chapelle des Roses.

C'est bien ici l'occasion de dire un mot de Frère Junipère, qui par ses saintes folies a laissé tant de souvenirs à la Portioncule. Un seul trait suffira pour le faire connaître.

Un jour il fut chargé de soigner un Frère malade, qui était pris d'un dégoût pour toute nourriture. Frère Junipère lui demanda en toute charité et compassion, ce qu'il mangerait avec appétit. Le malade lui répondit qu'il prendrait bien

1) Thdmas de Célano, Vie II p. III ch. CXX.
2) Bartholomy de Piso, lib. Conform. 8.

volontiers un pied de porc, s'il pouvait l'avoir. L'infirmier ne voulut pas en entendre d'avantage. Armé d'un couteau de cuisine, il sortit du couvent et ayant rencontré dans un champ voisin un troupeau de porcs, il se jeta sur le premier venu et lui coupa un pied. Heureux de cet exploit, il retourna à la Portioncule, lava le pied, l'apprêta selon le goût du malade, et le lui présenta. Celui-ci en mangea et recouvra la santé. Mais lorsque le propriétaire apprit le fait, il accourut plein de rage et de fureur au couvent, et accusa les Frères d'être des voleurs et des brigands. A ce tumulte, François vient trouver cet homme; et cherche avec beaucoup d'humilité et de douceur à le calmer, en lui promettant ample réparation. Mais celui-ci était implacable et s'en alla en proférant toutes sortes de vilenies, et de menaces contre les Frères. Le saint savait que Frère Junipère seul était capable de faire un tel coup, par zèle indiscret. L'ayant fait venir, il lui demanda si par hasard il n'était pas la cause de cette indignation. Le bon infirmier fut heureux de lui raconter sa prouesse, et ajouta qu'il aurait bien coupé cent pieds de porc pour faire son acte de charité. « O Frère Junipère, lui dit le saint d'un air sévère, pourquoi donner un tel scandale! Ce n'est pas sans raison que cet homme est si irrité contre nous; peut-être à l'heure qu'il est, il nous diffame en ville à cause de ce méfait. Je vous ordonne au nom de l'obéissance de courir après lui, de vous jeter à ses pieds et de confesser votre faute, en lui promettant ample satisfaction. » Une si belle oeuvre de charité déplaire à saint François ! Le pauvre Junipère ne revenait pas de son étonnement ! Cependant il répondit promptement mais sans se troubler : « N'en doutez pas, mon Père, je vais le payer de suite et je saurai bien le contenter. » Il se mit à courir après l'homme en colère et l'ayant rejoint il lui raconta pourquoi il avait coupé le pied au porc. Il le fit avec une animation et une joie, à faire croire qu'il avait rendu au propriétaire un grand service, qui méritait une récompense. Etonné de voir que cet homme s'impatientait de plus en plus, Junipère craignit de ne pas s'être assez bien expliqué. Il répéta donc la même histoire et se jetant à son cou il le supplia d'achever son oeuvre de charité en donnant le reste du porc à la communauté. La douceur et la simplicité du Frère triomphèrent en fin de la colère du paysan. Celui-ci lui pardonna, et se fit un plaisir d'envoyer à la Portioncule le pauvre animal mutilé.

Ces admirables religieux ne sont-ils pas en vérité du nombre de ces âmes dont les sages du monde diront un jour, selon qu'il est écrit au Livre de la Sagesse : Voilà ceux que nous avons eu autrefois en dérision et comme un objet d'opprobre. Nous insensés, nous croyions leur vie une folie et leur fin un déshonneur. Et voici qu'ils sont comptés parmi les enfants de Dieu et sont placés parmi les élus.

Un autre modèle de simplicité mérite d'être mentionné après Frère Junipère et Frère Jean : c'est Frère Jacques, qui fut aussi surnommé le

Simple, mais plus souvent l'*Econome* ou le *Médecin* des lépreux, à cause de son zèle à servir ces malheureux. François avait spécialement recommandé à ses soins un lépreux, couvert d'ulcères de la tête aux pieds. Frère Jacques, qui s'ingéniait à lui procurer tous les soulagements et toutes les consolations possibles, l'amena un jour à la Portioncule et le présenta à saint François. Mais le saint lui fit des reproches en lui disant : « Quoique j'aime bien que vous soigniez de votre mieux nos *frères chrétiens* dans l'hopital, cependant il ne convient ni à vous ni à eux, que vous les conduisiez hors de la léproserie ; car tout le monde ne peut pas supporter leur vue. » A peine ces paroles étaient-elles prononcées, que le saint vit le lépreux vivement affligé de ce que son bienfaiteur avait été réprimandé. François se jeta aussitôt aux pieds de l'infirme et lui demanda pardon de lui avoir causé de la peine. Pour pénitence, il voulut, avec la permission de Frère Pierre de Catane son Vicaire, manger avec le lépreux de la même écuelle. Il l'embrassa ensuite, et le renvoya consolé et content. [1]

L'amour de saint François pour les pauvres égalait sa tendre compassion pour les malades. « Je croirais être pris pour voleur, répétait-il, par le grand Aumônier (Notre Seigneur), si je ne donnais pas ce que je possède à quelqu'un qui est plus pauvre que moi. » [2]

1) Wadding.
2) S. Bonaventure, Lég. Maj. ch. VIII.

Une pauvre femme, mère de deux Freres-Mineurs vint un jour demander l'aumône à la Portioncule. François, touché de compassion, dit à Frère Pierre de Catane: « Qu'avons-nous à donner à notre mère? » Il avait l'habitude d'appeler la mère de tout religieux *ma mère et la mère des Frères*. « Nous n'avons plus rien dans la maison, répondit Pierre. Il ne nous reste qu'un Nouveau Testament, qui, à défaut de bréviaire, nous sert pour la lecture des leçons à Matines. » Eh bien, répliqua le saint, donnez-lui le Nouveau Testament afin qu'elle puisse le vendre pour subvenir à ses besoins; Dieu même nous apprend à secourir les pauvres. Je suis sûr que nous lui plairons plus en le donnant qu'en le lisant. » Frère Pierre le donna à cette bonne femme. Tel est le sort, dit Thomas de Célano, du premier Testament que l'Ordre ait possédé. [1]

Vers la fin de l'année, François tomba malade. Il était assez fréquemment travaillé par la fièvre, qui à cette époque le réduisit à un état de grande faiblesse. L'évèque d'Assise, le contraignit d'accepter un logement dans son palais épiscopal pendant l'hiver. Au commencement de l'année 1213, le bienheureux Père revint à la Portioncule. Il était encore en proie à la souffrance, mais son âme n'était pas abbattue. Pour suppléer à son impuissance de prêcher la parole de Dieu, il écrivit deux lettres encycliques, adressées aux religieux, aux prêtres et aux laïques, en un mot à

1) Thomas de Célano, Vie II, p. III. ch. XXXV.

tous les chrétiens de la terre, pour les exhorter à aimer Dieu et le prochain. Avec le retour du printemps, il recouvra quelques forces, et songea de nouveau à la conversion des mahométans. L'insuccès d'une première tentative, loin de le décourager, n'avait fait que stimuler son zèle. Après avoir confié le soin de l'Ordre au vénérable Frère Pierre, il reprit ses courses évangéliques avec Bernard de Quintavalle et quelques autres religieux, bien résolu de les poursuivre à travers l'Espagne jusque dans le pays des infidèles. Il avait l'intention de passer dans le Maroc, pour prêcher Jésus-Christ à Mahomet, miramamolin ou roi des Maures lui-même. [1] Il se rendit d'abord à saint Jacques de Compostelle, puis se dirigea vers le midi, et durant toute l'année 1214 il parcourut les provinces catholiques de l'Espagne, prêchant sans cesse et fondant partout des couvents.

1) Mahomet, le miramamolin des Maures fut chassé de l'Espagne en 1212 par les rois chrétiens, après une sanglante bataille. (Bollandistes A. S. S. 4 oct. § XIV).

Chapitre VI

Retour à Sainte-Marie. — Nouveaux disciples. Leçons sur la pauvreté. — Le miracle du capuce. — Le roi des vers. — Le quatrième concile de Latran. — Un autre chapitre général.

Malgré son désir de prêcher la foi aux Maures, saint François ne put réaliser son noble projet. « Dieu en décida autrement, dit saint Bonaventure, et l'éprouva par toutes sortes d'infirmités corporelles. » Ses souffrances l'obligèrent de renoncer à son voyage au Maroc et de retourner en Italie, en passant par la France. Thomas de Célano considère cet insuccès, comme un effet de la miséricorde divine à son égard ; il dit en termes pleins de modestie, que grâce au retour du saint Patriarche il eut le bonheur de devenir Frère-Mineur. Ses paroles sont trop intéressantes pour les passer sous silence : « Si vif était le désir du bienheureux Père de se rendre au Maroc, qu'il laissait quelques fois son compagnon en arrière, pour hâter l'exécution de sa sainte entreprise. Mais le bon Dieu, qui dans sa misericorde se plût de se souvenir de moi et de beaucoup d'autres, se mit sur son chemin lorsque déjà il était en Espagne. Pour l'empêcher d'aller plus loin, il le fit tomber malade et le rappela de son voyage. Lorsqu'il revint à Sainte-Marie-de-la Portioncule, beaucoup d'hommes lettrés et nobles eurent le bonheur d'être reçus par lui. Le saint, qui avait un caractère élevé et un jugement droit, les traitait avec honneur et respect et rendait à chacun ce qui lui était dû.» [1] Cette dernière remarque du pieux biographe fait voir que la profonde humilité de saint François savait parfaitement s'allier avec la science et la noblesse, et ne confondait jamais la rudesse et l'ignorance avec la simplicité évangélique. Cependant si le pauvre d'Assise avait des égards pour les nobles et les savants, il voulait dans ses disciples d'autres titres que la science et la richesse ; il refusait même de recevoir dans son Ordre des gens d'illustre origine s'ils n'avaient un grand amour pour la pauvreté, l'humilité et l'obéissance. Avant son départ pour l'Espagne, un jeune homme de Milan, fort riche et savant désira recevoir l'habit des Frères-Mineurs. Il se présenta à la Portioncule, accompagné d'un religieux, de ses parents, de ses amis et d'un grand nombre de serviteurs. François demanda au religieux, qui étaient ces

1) Thomas de Célano, Vie I, p. I ch. XX.

seigneurs et ce qu'ils voulaient. « Mon Père, répondit-il d'un air content, c'est un jeune homme savant, riche et d'une des premières familles de Milan, qui désire devenir votre disciple. » Saint François répondit en souriant « Ce jeune homme ne me paraît pas fait pour notre Ordre ; car quand on vient avec un tel faste, pour embrasser l'état de pauvreté, on donne lieu de croire qu'on n'a pas encore renoncé au monde. Mais je consulterai là-dessus mes Frères. » Il les assembla et leur demanda leur avis, s'il fallait oui ou non le recevoir. La réponse fut négative. A cette décision le jeune homme fondit en larmes. François ému à ce spectacle, dit aux religieux : « Mes Frères, voulez-vous le recevoir s'il consent à servir dans la cuisine ? Ce sera un moyen de le faire renoncer à la vanité du siècle. » L'humble postulant accepta bien volontiers cette charge et protesta qu'il était prêt à se soumettre à tout. Le Père l'embrassa et le reçut dans l'Ordre après avoir fait rendre son équipage et son argent à ceux qui l'accompagnaient. Ce jeune Frère devint dans la suite un parfait religieux. [1]

A son retour à la Portioncule, saint François fut surpris et peiné de trouver un nouveau bâtiment que Pierre de Catane avait fait construire pendant son absence. D'un air très mécontent, il demanda la raison de cette construction. Le Vicaire lui répondit qu'il l'avait fait faire pour les religieux et les pèlerins qui venaient sans cesse

1) Wadding.

à Sainte-Marie-des-Anges et aussi pour pouvoir dire l'Office plus commodément : « Frère Pierre, répliqua le saint, ce lieu est la règle et le modèle de tout l'Ordre. Ceux qui y viennent doivent souffrir les incommodités de la pauvreté comme ceux qui y demeurent, afin qu'en retournant chez eux il puissent dire aux autres combien on vit pauvrement à la Portioncule. S'ils sont traités à leur aise, ils en feront autant chez eux. » Cependant, à la prière des Frères et à la vue de la nécessité manifeste d'une plus ample demeure, il la laissa subsister. [1]

Un peu plus tard, saint François donna une autre leçon au bon Frère Pierre de Catane, dont la charité était parfois trop inquiète. Le Vicaire, voyant que les Frères continuaient à venir en foule à Sainte-Marie-des-Anges et que les aumônes ne suffisaient plus pour leur fournir le nécessaire, dit un jour à saint François : « Cher Frère, que dois-je faire? Les religieux viennent en si grand nombre de tous cotés, que nous ne pouvons pourvoir a leurs besoins. Permettez, je vous prie, qu'on réserve quelque chose de la fortune des novices qui entrent dans l'Ordre, pour suppléer aux dépenses. » — « Dieu nous garde, répondit le saint, d'aller contre la Règle. » — « Que ferai-je donc alors? » reprit Pierre? — « Dépouillez l'autel de la sainte Vierge, mon très cher Frère, et enlevez les ornements superflus, si vous n'avez pas d'autres moyens de subvenir

1) Wadding an 1215.

aux besoins de la communauté. Croyez-le, la sainte Vierge sera plus contente de voir l'Evangile de son Fils bien observé et son autel dépouillé, que de voir son autel orné et son Fils offensé. Le Seigneur saura bien envoyer quelqu'un pour rendre les ornements, qui nous sont confiés. » 1) Thomas de Célano a bien raison de dire: « Jamais personne ne fut plus passionné pour l'or que ne le fut saint François pour la pauvreté; et jamais personne n'eut plus de sollicitude pour garder des trésors, que lui pour garder cette perle évangélique. » 2) « Il fit souvent la prophétie suivante, dit le même biographe: Lorsque mes Frères s'éloigneront de la pauvreté, le monde s'éloignera d'eux, et ils chercheront et ne trouveront rien. Mais s'ils embrassent ma chère Dame la Pauvreté, le monde les nourrira, parce qu'ils sont donnés pour le salut du monde. » 3)

Il paraît cependant que sur les plaintes du Vicaire, saint François modéra la sainte ardeur des religieux pour se rendre au berceau de l'Ordre, saluer la Reine des anges et voir leur Père.

Il leur défendit de venir sans permission spéciale, comme le prouve le trait suivant: « Un jour, dit le premier biographe, un Frère vint à la Portioncule sans obédience. François, pour le punir, ordonna de lui ôter son capuce, qu'il fit ensuite jeter au feu. Aucun Frère n'osa l'en re-

1) Thomas de Célano, Vie II p. III ch. XIII. — Saint Bonaventure, Lég. Maj. ch. VII.
2) Thomas de Célano, Vie II, p. III ch. I.
3) Idem, Vie II, p. III, ch. XVI.

tirer, parceque le saint avait l'air sévère. Au bout de quelques minutes, le Père lui-même commanda qu'on le retirât du feu, qui ne l'avait nullement endommagé. Quoiqu'on puisse attribuer ce miracle aux mérites de François, les mérites de ce bon Frère n'y sont peut être pas étrangers ; il a été entraîné à venir en ce lieu par le désir de voir son Père très-saint, quoiqu'en cela il n'ait pas suivi la discrétion, seule règle de la vertu. » [1]

Après quelques semaines données non au repos mais aux affaires de la communauté, François partit de nouveau pour prêcher l'Evangile. A cette occasion il fit une conquête qui mérite d'être racontée. « Dans les Marches d'Ancône, dit Thomas de Célano, vivait un homme du monde, qui s'était oublié lui-même et qui ne pensait plus à Dieu. Il s'était entièrement abandonné à la vanité. On l'appelait le *roi des vers*, parcequ'il était le prince des poètes et un célèbre compositeur de chansons frivoles. Bref, le monde l'avait tellement glorifié et exalté, qu'il avait été couronné avec grande pompe par l'empereur. [2] Pendant qu'il marchait ainsi dans les ténèbres du péché, la miséricorde divine songeait à le ramener de son malheureux état, afin qu'il ne périt pas éternellement. Par l'effet de la divine Providence, François et le poète se rencontrèrent dans un couvent de *Pauvres* cloîtrées. [3] Le bienheureux y vint avec

1) Vie II, p. III, ch. LCI.
2) Frédéric II.
3) C'était le couvent des Clarisses à Sanseverino. (Pamphilo de Magliano). Cela prouve que saint François n'a pas reçu le

quelques uns de ses Frères pour visiter les religieuses; le poète y arriva avec une troupe de compagnons pour faire une visite à une de ses parentes. La main de Dieu s'abaissa alors sur le troubadour. Celui-ci vit de ses propres yeux François marqué par deux épées resplendissantes, disposées en forme de croix; l'une allait de la tête jusqu'aux pieds, et l'autre se croisait sur la poitrine, allant d'une main à l'autre. Le poète ne savait pas quel était ce religieux; mais, après cette vision il reconnût en lui le bienheureux François. Frappé de stupeur à la vue de ce prodige, il commença à faire de bons propos de changer de vie: le bienheureux Père, prêchant au peuple, tourna contre lui le glaive de la parole de Dieu. Puis il le prit à part, lui parla doucement de la vanité du siècle et du mépris du monde, et le terrifia ensuite par les menaces de la justice divine: « A quoi bon parler d'avantage, s'écria enfin le poète! Venons-en au fait. Arrachez-moi aux hommes et rendez-moi au Roi-Souverain. » Le lendemain le saint lui donna l'habit de Frère-Mineur et lui ayant ainsi procuré la paix, il le nomma Frère Pacifique... En compagnie du bienheureux Père, Frère Pacifique commença à sentir une douceur qu'il n'avait jamais goûtée auparavant. Il eut aussi la faveur d'être témoin de merveilles qui restaient cachées aux autres. Un jour il vit sur le front de saint Fran-

poète dans l'Ordre en 1212, comme les historiens le disent communément.

çois le signe d'un *Tau T*, encadré dans des cercles de diverses couleurs, ayant les nuances des plumes du paon. » 1)

François revint avec le Frère Pacifique à Sainte-Marie-des-Anges et peu après il entreprit son premier voyage au mont Alverne. Le comte de Chiusi, Orlando ou Roland Catani, avait offert cette montagne au bienheureux François, quand celui-ci se rendit en Espagne. Ayant appris par les religieux qu'il y avait envoyés, que ce lieu sauvage et isolé était très favorable à la contemplation, il voulut le visiter lui-même, et prit avec lui trois de ses compagnons, Léon, Massé et Ange de Rieti. Après s'être arrêté quelque temps à l'Alverne qui lui plut beaucoup, il se rendit à Rome, *où allait se tenir le quatrième* Concile Général de Latran. Saint François voulait profiter de la réunion des évêques du monde chrétien pour obtenir une approbation nouvelle et plus solennelle de sa Règle et mettre ainsi ses Enfants plus à l'abri des détracteurs et des ennemis. Le Pape Innocent III approuva de nouveau l'Ordre des Frères-Mineurs, et en fit confirmer la Règle par tout le Concile. C'est à cette occasion que saint François lia la plus étroite amitié avec saint Dominique, venu lui aussi à Rome pour obtenir du Concile l'approbation de son Ordre. 2)

1) Thomas de Célano, Vie II, p. III, ch. L. — Saint Bonaventure.

2) Wadding 1215. — Chronique des XXIV Gén. — Hürter (Hist. d'Innocent III liv. 19) dit que parmi les faits les plus importants de ce Concile il faut placer l'approbation de l'Ordre

Le saint Patriarche, soutenu et fortifié par la protection de l'Eglise, se sentit comme embrasé d'une nouvelle ardeur. Il revint à la Portioncule au commencement de l'année 1216, pour s'y retremper dans la prière et dans l'amour de sa famille, en attendant l'ouverture du chapitre.

Le trentième jour de mai, fête de la Pentecôte, les Enfants du Pauvre d'Assise se trouvaient presque tous réunis autour de l'humble sanctuaire de Sainte-Marie-des-Anges. 1) Chacun exposait simplement le fruit de ses missions, ses souffrances et ses joies, et se tenait prêt à recevoir les sages avis du bienheureux Père pour continuer le bien commencé. Les premiers biographes ne nous ont laissé aucun détail sur ce chapitre. Wadding donne la simple et éloquente exhortation de saint François à ses Enfants. Comme ce discours renferme en partie les paroles que les Trois Compagnons ont rapportées à l'occasion du premier chapitre nous n'en reproduirons que le passage suivant. « Au nom du Seigneur, disait le saint, marchez deux à deux modestement et avec humilité, gardant le silence le plus strict depuis le matin jusqu'à tierce, et priant Dieu dans votre coeur. Qu'on n'entende parmi vous aucune parole

de Dominique Gusman et de celui de François d'Assise, qui, les deux, se trouvaient alors à Rome.

1) Ce chapitre est généralement compté comme le premier de l'Ordre. Mais comme nous avons vu, il y avait déjà quatre ans que saint François avait décrété deux chapitres par an à la Portioncule. Il est donc très problable qu'on en avait déjà célébré plusieurs avant l'année 1216.

oiseuse et inutile. Quoique vous soyez en voyage, votre conduite doit être aussi humble et modeste que si vous étiez dans un ermitage ou dans votre cellule ; car en quelqu'endroit que nous allions, nous avons toujours notre cellule avec nous. *Notre frère le corps* est notre cellule, et l'âme est l'ermite qui y demeure pour penser à Dieu et l'adorer. Si une âme religieuse ne demeure pas en paix dans la cellule du corps, les cellules extérieures ne lui seront guère utiles. »

Les Enfants du saint Patriarche reçurent sa bénédiction et se rendirent avec joie là ou la sainte obéissance les envoyait. 1)

1) Wadding dit que dans ce chapitre furent nommés les Ministres Provinciaux. Mais nous verrons plus loin que d'après les Trois Compagnons ils ne furent nommés qu'au chapitre suivant en 1217.

Chapitre VII

Indulgence de la Portioncule. — Sa concession par Jésus-Christ. — Sa confirmation par le Pape. — Le Sauveur en détermine le jour. — Le Pape la fait publier par sept évêques. — Les anciens documents. — L'époque de la concession de l'Indulgence. — Merveilles. — Nouvelles faveurs accordées par le Saint-Siége à la Portioncule.

Il faut placer à cette époque un des évènements les plus mémorables de l'histoire de la Portioncule, évènement qui a contribué beaucoup à en faire un des sanctuaires les plus illustres du monde. Un jour saint François, prosterné dans sa petite cabane pria Dieu avec larmes, d'avoir pitié des pauvres pécheurs, dont le malheureux état l'attristait profondément. Il fut alors averti par des anges que Notre-Seigneur et sa sainte Mère l'attendaient dans la petite église. Saint

François s'y rendit aussitôt et eut la consolation d'obtenir de Jésus lui même le privilége suivant: Quiconque entrerait dans la chapelle de la Portioncule, gagnerait une indulgence plénière, c'est-à-dire, la rémission des peines temporelles ou de la satisfaction due à la Justice divine, lorsque le péché a été pardonné et la peine éternelle due au péché remise par le sacrement de Pénitence.

Pour faire connaître au lecteur les détails de ce touchant épisode, nous reproduisons dans son antique simplicité la lettre de Conrad, évêque d'Assise, adressée à tous les chrétiens du monde, l'année 1335.[1] Cette lettre est loin d'être le document le plus ancien de l'histoire de l'Indulgence de la Portioncule, appelée aussi le *Pardon d'Assise,* mais elle a l'avantage d'en donner un récit plus complet de ce fait historique. Elle est du reste rédigée d'après les documents authentiques que Conrad avait sous la main.

« Lorsque le bienheureux François eut réparé l'église de Sainte-Marie-des-Anges, il y établit sa demeure, à cause de la grande dévotion qu'il avait pour la Reine des Anges. Il passait son temps dans une continuelle oraison. Une nuit, tandis qu'il priait avec la plus grande ferveur, il lui fut révélé que notre Seigneur Jésus-Christ et sa Mère la Vierge-Marie l'attendaient dans l'antique chapelle avec une multitude d'anges. Le

1) Cette lettre se conservait dans les archives du Couvent de Saint-François à Assise. Les Bollandistes en ont fait faire une copie authentiquée par le notaire public, Blaise Epifani, et l'ont publiée dans les Acta Sanctorum, 4 octobre (Analecta, Pars III).

saint se leva aussitôt et, rempli de joie, entra dans l'église avec une grande dévotion et dans le plus profond respect. À la vue de Notre Seigneur Jésus-Christ entouré d'une multitude d'anges, il se prosterna à terre devant le Christ et sa glorieuse Mère. Le Seigneur dit alors à son serviteur: François, demande ce qui te plaira pour le salut des hommes, parce que tu as été donné comme un flambeau au monde et un soutien à l'Eglise terrestre. Saint François se tenait prosterné la face contre terre, et comme ravi hors de lui-même. Ayant enfin repris courage, il dit: Très-Saint Père et Souverain Seigneur, moi pauvre et misérable pécheur, je vous supplie de daigner concéder au genre humain la grâce suivante: Accordez à quiconque viendra en ce lieu et entrera dans cette église, le pardon et l'indulgence de tous les péchés qu'il aura confessés à un prêtre et pour lesquels il aura reçu la pénitence. Je supplie la bienheureuse Marie votre Mère et l'Avocate du genre humain de daigner appuyer ma requête et d'intercéder pour moi auprès de votre très clémente Majesté. Alors la Reine des Anges, accédant humblement à la prière du bienheureux François, se mit à supplier son Fils, en lui disant: Dieu Très-Haut et Tout-Puissant, je supplie votre Divinité et je demande humblement que votre Majesté daigne exaucer la prière du Frère François, votre serviteur. La Divine Majesté répondit aussitôt: Ce que vous demandez Frère François est bien grand, mais vous êtes digne de faveurs plus grandes encore.

J'exauce donc votre humble supplique; cependant, il faut que vous alliez trouver mon Vicaire, le Souverain Pontife Honorius III, à Pérouse, et que vous lui demandiez de ma part la dite Indulgence. Le bienheureux François se levant de bonne heure le lendemain, appela Frère Massé de Marignan et se présenta avec lui au Pape. Saint-Père, lui dit-il, il y a quelque temps j'ai réparé une église en l'honneur de la Vierge, la Mère du Christ. Je supplie votre Sainteté d'attacher à cette église une indulgence sans offrande, le jour anniversaire de sa consécration. Le Pape répondit qu'il ne convenait pas d'accorder cette faveur, parce que celui qui veut une Indulgence doit la mériter par une bonne oeuvre: *manum apponendo adjutricem.* [1] Et combien d'années d'indulgence voulez-vous que j'y attache? Sera-ce un an ou voulez-vous trois ans? — Le Pape reprit: Voulez-vous que j'accorde six ans ou sept ans? — Le bienheureux François n'était pas satisfait et dit: O Seigneur Pape, qu'est-ce que cela! — Le Pape lui dit alors: Que voulez-vous donc que je fasse pour vous? — Saint Père, répondit François, qu'il plaise à votre Sainteté de me donner non pas des années, mais des âmes. — De quelle manière voulez-vous des âmes? répliqua

1) On n'accordait pas d'indulgence sans obligation de faire des oeuvres de charité ou d'autres bonnes oeuvres. Les offrandes étaient employées pour soutenir les Croisades, ou pour la construction ou réparation des églises. Dans ce dernier cas elles prenaient le nom de *manus adjutrices.* (Michel de Médina. De indulgentia, Venise 1536).

le Pape. Le saint répondit: A cause des faveurs que Dieu a accordées à ce lieu, je veux qu'il plaise à votre Sainteté que quiconque viendra dans cette église avec le coeur contrit, après s'être confessé, et avoir reçu l'absolution d'un prêtre selon qu'il sera nécessaire, soit absous dans le ciel et sur la terre de la peine et de la coulpe de tous les péchés qu'il a commis, depuis le jour de son baptême jusqu'au jour et à l'heure de son entrée dans cette église. Je désire de plus qu'il n'ait pas d'autres conditions à remplir. Le Pape lui répondit: François, vous me demandez quelque chose de bien grand, et ce n'est pas la coûtume de la Curie romaine d'accorder une telle indulgence: — Sainteté, reprit Saint François, ce que je vous demande, je ne vous le demande pas en mon nom, mais au nom de Notre-Seigneur Jésus-Christ qui m'envoie à vous. Le Pape répondit: Et moi, je consens qu'il en soit ainsi. Je veux que vous l'ayez, je veux que vous l'ayez, je veux que vous l'ayez. Que cela soit fait au nom du Seigneur. Dès que les cardinaux eurent entendu ces paroles, ils prièrent le Pape de révoquer cette Indulgence, alléguant qu'elle serait préjudiciable à la Terre-Sainte — Le Pape répondit: je ne révoquerai pas ce que j'ai promis. — Considérez, Sainteté, répliquèrent-ils, qu'en accordant une pareille faveur, vous ruinez l'indulgence pour laquelle on va en Terre-Sainte, et l'on n'estimera plus celle de Saint-Pierre et Saint-Paul. — Nous la lui avons donnée et concédée, répondit le Souverain-Pontife, et nous ne pouvons ni ne devons défaire ce qui est fait. Les cardinaux insistèrent : Restreignez-la au moins autant que vous le pouvez. A quoi le Pape répondit : Nous la modifierons de manière à ce qu'elle ne s'étende qu'à un jour naturel. Il fit ensuite venir saint François et lui dit : Nous vous accordons que quiconque entrera dans cette église après une bonne confession et le coeur contrit, soit absous de la peine et de la coulpe et nous voulons que cette concession vaille à perpétuité, mais seulement pour un jour naturel chaque année à partir des premières Vèpres y comprise la nuit, jusqu'aux secondes Vèpres du lendemain. Après cette réponse, François fit sa révérence et sortit du palais. Le Pape le voyant partir, le rappela et lui dit : O homme simple, où allez-vous ? Quelle attestation emportez-vous de cette concession ? — Saint Père, répondit François, votre parole me suffit. Si c'est l'oeuvre de Dieu, il aura soin de la manifester. Je ne veux point d'autre document que la bienheureuse Vierge Marie, comme la charte de la concession, Jésus-Christ, le notaire, et les anges les témoins.

Le bienheureux François quitta le Pape après la concession de l'indulgence et partit de Pérouse pour retourner à Assise. A mi-chemin, à un endroit appelé Colle, il entra avec son compagnon dans une léproserie, pour s'y reposer et dormir un peu. A son réveil, il entendit une voix du ciel qui lui dit : François, sachez que l'indulgence qui vient de vous être accordée sur la terre, a été confirmée au ciel. Après avoir fini son oraison, il appela son compagnon : Frère Massé, je vous dis de la part de Dieu, que l'indulgence qui m'a été concedée par le Souverain Pontife a été ratifiée au ciel. Jusqu'ici, le jour de l'indulgence n'a été déterminé ni par Dieu ni par le Pape. Mais un jour, au mois de janvier, pendant que le bienheureux François était en prière dans sa cellule située dans le jardin près de l'église de Sainte-Marie, [1] voici qu'à minuit le démon vint à lui et lui adressa ces insidieuses paroles: François, pourquoi veux-tu mourir avant le temps? Ignores-tu que le sommeil est absolument nécessaire au corps? A quoi bon faire tout cela? Est-ce que je ne t'ai pas déjà dit, dans l'église appelée Quatre-Chapelles dans le Comté de Todi, que tu es jeune encore et que tu auras tout le temps de faire pénitence pour tes péchés? Pourquoi donc te tuer par les veilles et les prières? Aussitôt le bienheureux François se dépouilla de ses vêtements, pénétra dans le bois à travers une haie touffue et épineuse, et se roula dans les ronces et les épines en s'écriant: Il vaut infiniment mieux pour moi partager la Passion de notre Seigneur, que suivre les flatteries de l'ennemi. Après que son corps fut tout ensanglanté, il se vit entouré d'une lumière fort brillante. Des roses blanches et rouges, d'une merveilleuse beauté, apparurent tout autour de lui. Auprès de l'église, il aperçut en même temps une mul-

1) Cette cellule ou cabane existe encore. Saint Bonaventure fit construire pardessus une petite chapelle. Auprès de cette chapelle se trouve le jardin des Rosiers miraculeux (Voir II partie ch. — 1).

titude d'anges. Les esprits célestes dirent au bienheureux François: Venez vite auprès du Sauveur et de sa sainte Mère, qui vous attendent dans l'église. Se voyant tout d'un coup revêtu d'un habit blanc, [1] François se leva, prit douze roses blanches et douze rouges et se dirigea vers le sanctuaire. Il lui semblait que le chemin par où il passait était jonché de draperies de soie. [2]

Il entra dans la chapelle avec un profond respect et déposa les roses sur l'autel. Il aperçut alors Notre Seigneur Jésus-Christ et sa Mère entourés d'un grand nombre d'esprits célestes. Le Sauveur adressa la parole au bienheureux François en ces termes: François, pourquoi ne donnes-tu pas à ma Mère les présents que tu dois lui faire? Comprenant qu'il s'agissait des âmes qui devaient être sauvées par l'indulgence de cette église, le saint répondit: Très Saint Père et Seigneur du ciel et de la terre, daignez par votre grande miséricorde fixer le jour, auquel je pourrai lui offrir ces dons, et que la Bienheureuse Vierge votre Mère et l'Avocate du genre humain intercède pour moi. La Divine Majesté déclara alors, que quiconque visiterait la chapelle depuis les premières vêpres du premier août, jusqu'aux vêpres du jour suivant, avec le coeur contrit et

1) La fresque attribuée à Giunta Pisano, en 1240 ou a Capanna et recopiée par Tibério d'Assise, dans la chapelle des Roses représente saint François revêtu d'une sorte de chape ou d'un long manteau blanc.

2) Ce chemin est désigné par les fidèles sous le nom de chemin des Anges.

après avoir confessé les péchés dont il se rappellerait aurait la rémission de tous les péchés commis depuis le jour du baptême jusqu'au jour et à l'heure de son entrée dans l'église. Le bienheureux François dit alors : Très-Saint Père, que faut-il faire pour que les hommes en aient connaissance et y ajoutent foi? — François, répondit le Seigneur, cela se fera par ma grâce ; cependant va à Rome, auprès de mon Vicaire et prie-le de publier cette faveur comme il le jugera à propos. — Saint François répliqua : Mais comment votre Vicaire ajoutera-t-il foi à mes paroles et croira-t-il un pauvre pécheur comme moi? — Le Seigneur dit au bienheureux François : Prends avec toi, comme témoins, quelques uns de tes compagnons qui ont entendu mes paroles, et apporte à mon Vicaire les roses blanches et rouges que tu as cueillies en ce mois de janvier dans le bois. Toute cette conversation fut entendue par Frère Pierre de Catane, Frère Rufin Scifi, Frère Bernard de Quintavalle et Frère Massé de Marignan et d'autres compagnons, qui se trouvaient dans leurs cellules près de la chapelle. Saint François prit trois roses rouges et trois blanches en l'honneur de la très-sainte et indivisible Trinité et il le fit sous les yeux de la Majesté divine et de sa Mère. Les anges se mirent ensuite à entonner le *Te Deum laudamus.*

Le matin, le bienhereux François alla trouver trois de ses compagnons et leur dit : Tenez-vous prêts à partir avec moi pour Rome. Il leur ordonna de garder le silence sur tout ce qu'ils avaient entendu. Ces trois compagnons furent Pierre de Catane, Bernard de Quintavalle et Ange de Rieti. Ils entreprirent tous ensemble le voyage à Rome. « Sitôt qu'ils furent arrivés dans cette ville, ils dirigèrent leurs pas vers l'église de Latran et y trouvèrent le Pape Honorius, successeur d'Innocent et Vicaire de Jésus-Christ. Le bienheureux François s'approcha de lui avec ses pieux compagnons et lui fit connaître tout ce que nous avons dit ci-dessus. Ses paroles furent confirmées par le témoignage des trois Frères, et des six roses. Le Pape dit ensuite : Votre récit est vraiment merveilleux, et montre plutôt l'oeuvre de Dieu que celle des hommes. Nous reconnaissons la véracité de votre témoignage. Cependant nous en parlerons à nos Frères les cardinaux et nous demanderons, leur avis, en conseil secret, pour délibérer ensuite sur ce qu'il y aura à faire. Il ordonna à saint François de revenir le lendemain. Le jour suivant François se présenta de bonne heure devant le Pape et lui dit: Digne Vicaire du Christ, accomplissez dans cette affaire la volonté du Roi du ciel et celle de sa Mère, à laquelle est dédiée l'église de Sainte-Marie-des-Anges. — Frère François, répondit le Saint Père, parlez devant tous mes Frères les cardinaux et faites leur connaître quelle est la volonté du Roi du ciel et de sa Mère, quoique vous et vos Frères vous l'ayiez déjà dit une fois. Le bienheureux François répondit : Sa volonté est, que depuis les vêpres du premier jour du mois d'août, quiconque entrera dans l'église de

Sainte-Marie-des-Anges ou de la Portioncule près d'Assise, obtienne la rémission de tous les péchés commis depuis son baptême, et qu'il aura confessés à un prêtre avec un coeur contrit et humilié, et pour lesquels il aura été absous et reçu la pénitence. Le Pape répondit: Frère François, vous demandez une chose bien grande, mais puisque le Roi du ciel, Notre-Seigneur Jésus-Christ, a exaucé votre prière sur les instances de la bienheureuse Marie toujours Vierge, nous écrirons aux évêques d'Assise, de Pérouse, de Todi, de Fol gno, de Spolète, de Nocera et de Gubbio, afin qu'ils se réunissent auprès de Sainte-Marie-des-Anges le premier jour d'août, et publient devant les fidèles l'indulgence que vous désirez. Après avoir reçu les lettres papales, le bienheureux François et ses compagnons se rendirent chez les évêques désignés, et leur présentèrent les lettres du Souverain-Pontife. François décida avec eux que tous se réuniraient à Notre Dame des Anges le premier des calendes d'août. Il fit faire une estrade ou tribune en bois, sur laquelle il monta avec les sept évêques. [1] Une grande multitude de personnes s'étaient réunies autour de la chaire. Le bienheureux François dit alors aux évêques: Qui d'entre vous s'adressera au peuple, pour prêcher et annoncer le Pardon? Après s'être concertés entre eux, ils lui dirent:

1) Quelques poutres de cette chaire sont conservées dans la cabane de saint François dans la chapelle des Roses. — Bartoli della Rossa 1325.

Frère François, d'après la teneur des lettres papales, nous devons suivre votre volonté. Quoique je n'en sois pas digne, répondit François, néanmoins je veux dire quelques paroles et prêcher à ces gens; j'annoncerai, selon l'ordre du Roi du ciel, l'indulgence obtenue par l'intercession de sa Mère, et vous, selon l'ordre du Souverain-Pontife son Vicaire, vous me soutiendrez de votre autorité, et vous l'annoncerez avec moi. Saint François se leva et se mit a prêcher avec tant d'onction, qu'on croyait entendre plutôt un Ange du ciel qu'un homme de la terre. Le sermon fini, il annonça l'indulgence, en ces termes: Quiconque viendra à cette église de Sainte-Marie-des-Anges et y entrera à partir des vêpres du premier des Calendes d'août, jusqu'aux vêpres du lendemain, pendant la nuit, comme pendant le jour, obtiendra quant à la peine et quant à la coulpe la rémission de tous les péchés, connus ou oubliés, commis depuis le baptême jusqu'à ce jour, s'il s'est confessé et s'il a reçu la pénitence d'un prêtre. Il ajouta que cette indulgence aura lieu chaque année à perpétuité. Les évêques crurent que saint François n'avait reçu du Pape qu'une indulgence de sept ou dix ans, selon la coutume de la curie romaine. Ils s'émurent donc en entendant ces dernières paroles François, dirent-ils, bien que le Pape nous ait ordonné de suivre votre volonté, il ne désire cependant pas, que nous la suivions en ce qui n'est pas convenable; pour cela, nous allons annoncer cette indulgence pour dix ans seulement. François leur répondit; Mes

Pères et Messeigneurs, jai fait ce que je devais faire selon l'ordre du Roi du ciel : quant à vous, que Jésus-Christ et sa Mère vous fassent connaître votre devoir. Alors l'évêque d'Assise se leva pour déclarer que l'indulgence était accordée pour dix ans. Mais il plut à Dieu qu'il dît, non ce qu'il avait l'intention de dire, mais littéralement ce que saint François lui-même avait annoncé.

Les autres évêques en furent formalisés, croyant qu'il l'avait fait à dessein par amour pour l'église de Sainte-Marie-des-Anges située dans son diocèse, et qu'en conséquence il se séparait de leur sentiment. L'évêque de Pérouse se leva pour reprendre François et l'évêque d'Assise, et annoncer l'indulgence pour dix ans seulement. Mais comme dit le prophète, il n'y a ni science, ni puissance, ni conseil contre Dieu ; bien contrairement à son intention, mais conformément à la volonté du Christ et de sa Mère, il ne blâma ni saint François ni l'évêque d'Assise : il les loua au contraire ainsi que leurs paroles, et, bref, il dit et affirma de l'indulgence ce que les deux premiers en avaient dit et affirmé, sans qu'il lui fut possible de faire autrement. L'évêque de Foligno, celui de Spolète et enfin les trois autres s'adressèrent successivement au peuple, tous bien résolus de corriger les assertions précédentes, mais disant toujours comme saint François : que l'indulgence était accordée à *perpétuité*. » Ici suit une longue liste des principaux personnages de la vallée de Spolète, présents à cette publication, et qui en ont rendu témoignage. Voici comment l'évêque d'Assise termine sa lettre : « Tout cela a été rapporté par des Frères, d'une vertu et d'une sainteté à toute épreuve ; savoir Frère Pierre de Catane, autrefois Vicaire du saint ; Frère Léon, compagnon et confesseur de saint François ; il l'a entendu de sa propre bouche. Frère Oddo d'Aquasparta et Frère Marin qui l'ont entendu de la bouche du Frère Massé lequel avait accompagné saint François auprès du Pape Honorius à Pérouse. Je ne me propose pas d'écrire les témoignages, les rélations et les attestations qui ont été rédigées sous forme juridique par les témoins ; je me contenterai de donner ici le témoignage que Pierre Zalfanus, qui assista à la consécration de l'église de Notre-Dame-des-Anges, a déposé en présence du Fr. Ange Ministre de cette Province, du Frère Bartoli de Pérouse et d'autres Frères de la Portioncule : il déclara avoir entendu saint François prêcher en présence des évêques. Le saint avait un papier en main et disait : « Je veux vous envoyer tous en paradis ; je vous annonce une indulgence que j'ai obtenue de la bouche du Souverain Pontife, et vous tous qui êtes venus aujourd'hui, et tous ceux qui viendront annuellement en ce jour, avec un coeur bien disposé et bien contrit, vous gagnerez une indulgence de tous vos péchés. Je l'ai voulue pour huit jours ; mais je n'ai pu l'obtenir que pour un jour. » Le lendemain de la publication de cette célèbre indulgence, le 2 août, les sept évêques procédèrent solennellement à la consécration de la petite église de la Portioncule, dans laquelle, comme saint François le disait au Pape Honorius, Dieu avait opéré de si grandes choses: Plus tard l'autel ayant été démoli, quand on pratiqua une porte au fond du sanctuaire, le Pape Innocent IV voulut lui même faire solennellement la nouvelle consécration de la Chapelle, l' année 1253. [1] Nous pouvons donc dire avec l'évêque Spader que cette église, quoique petite, n'était pas moins une glorieuse Basilique. Du reste, il n'y a pas de doute que le titre de Basilique ait été donné à la Chapelle de la Portioncule. dès les premières années. Déjà Frère Bernard de Besse, le secrétaire de saint Bonaventure l'avait désignée sous ce nom. Voici ses paroles : Dans la troisième année de sa conversion, François commença le nouvel Ordre des Frères-Mineurs dans la Basilique de la sainte Mère de Dieu, toujours Vierge, Marie des Anges. [2]

Les premiers biographe de saint François n'ont rien dit de cette célèbre Indulgence. Les historiens de l'Ordre ont expliqué ce silence en disant que dans ces temps de croisade, la prudence les obligea à ne pas lui donner une trop grande publicité, car elle aurait pu détourner les chrétiens d'aller combattre contre les infidèles. En effet, d'après les lettre de l'évêque Conrad et une autre de Thiébaut, également évêque d'Assise,

1) Wadding.
2) Bernard de Besse, manuscrit de Turin, V. Panfilo da Magliano, Storia Compendiosa.

écrite en 1310, les cardinaux manifestaient au Pape leurs craintes que les chrétiens renonceraient à gagner les indulgences de Terre-Sainte aux prix d'immenses sacrifices, s'ils pouvaient obtenir les même faveurs en se rendant simplement à la Portioncule. De plus, en 1245 le concile de Lyon défendit d'empêcher ou de retarder de quelque manière que ce soit la guerre sainte ou la croisade, à laquelle les hommes se sentaient entraînés principalement par l'espoir de satisfaire à Dieu pour leurs péchés et d'obtenir la rémission entière des peines dues à leurs fautes, par le moyen des indulgences. 1) Un autre motif allégué par les historiens pour justifier leur silence, est le respect que les premiers biographes avaient pour la volonté du saint Patriarche qui refusait tout document de la part du Pape, ne voulant d'autre notaire que le Christ, d'autre charte que la Sainte-Vierge et d'autres témoins que les anges. Il désirait laisser à Jésus-Christ lui-même le soin de manifester et de publier son oeuvre. En effet, lorsque le Pape Martin IV, qui régna de 1281 a 1285, offrit à Mathieu, Cardinal d'Aquasparta, un diplôme pour confirmer l'indulgence de la Portioncule, le cardinal le refusa en disant: « Saint François ne voulait pas de diplômes pour cette indulgence, quoiqu'ils lui fussent offerts; voilà pourquoi je n'en veux pas non plus. » Le Pape l'en félicita. 2) Une raison plus forte, à notre

1) Concile de Lyon, Canon XVIII Sur les Croisades.
2) Bartoli della Rossa. Liber indulgentiae S.M. Angelorum 1325.

avis, explique ce silence. Aucun des premiers biographes n'a écrit la vie complète de saint François. Tous ont omis des fait très importants de la vie du saint fondateur, parce qu'ils ne cherchaient qu'à se compléter l'un l'autre. Or d'après Mathias Grouwels, Bernardi, un notable d'Assise, avait déjà écrit l'histoire de l'indulgence de la Portioncule l'an 1230, c'est à dire quatre ans après la mort de saint François. D'ailleurs François Bartoli, écrivant en 1325 un traité sur le même sujet, dit qu'il a recueilli ces faits dans les légendes anciennes et modernes. [1]

Or ces légendes, que Bartoli appellent *anciennes*, ont été nécessairement écrites par des contemporains de saint François. Du reste on possède encore des pièces authentiques et notariées, par les quelles des religieux, des prêtres et des laïques certifient ou bien d'avoir assisté à la publication de l'Indulgence par saint François, ou bien d'avoir entendu raconter ces merveilles de la bouche des compagnons du saint. Un notable d'Assise, Pierre Zalfanus, atteste en 1277 avoir assisté à la publication du Pardon. Le bienheureux Benoit d'Arezzo et Frère René Marianus déclarent l'avoir appris du Frère Massé leur compagnon. Le bienheurenx Jean de l'Alverne rend le même témoignage, à la même époque. Le bienheureux François de Fabriano déclare l'avoir entendu de la bouche du Frère Léon en

1) Le manuscrit se conservait dans le Couvent de Saint François à Assise.

1266, lorsqu'il se trouvait à la Portioncule le 2 août, étant encore séculier. La bienheureuse Angèle de Foligno raconte elle-même la vision qu'elle avait eu sur le seuil de la Portioncule lorsqu'elle s'y rendait pour gagner l'Indulgence; enfin en 1310 l'évêque d'Assise, Thiébaut Offreduci, rappelle dans sa lettre comme un fait de notoriété publique, que chaque année le 2 août accouraient de nombreux pèlerins à la Portioncule, parmi les quels on remarquait des patriarches, des cardinaux, et des évêques. Il ajoute que le Pape Boniface VIII y avait envoyé en 1294 ses nonces, pour prêcher en son nom l'Indulgence de la Portioncule. Déjà avant le Pape Boniface VIII, d'autres Papes comme Alexandre IV et Martin IV et après lui les Papes Clément V, Jean XXII, Benoit XI, Sixte IV, Léon X, Paul V et Urbain VIII reconnurent cette Indulgence et la confirmèrent par leurs déclarations.

Au quatorzième siècle, sainte Brigitte, passant la nuit en prière dans la chapelle de la Portioncule, le 2 août, dit au Seigneur: « Je suis troublée intérieurement de ce que certains prétendent que ces indulgences ont été inventées par saint François. » « Ma fille, répondit le Sauveur, le mensonge n'habite pas dans la demeure de la vérité et l'ardente charité.... Mon ami avait en lui la vérité et ce qu'il a dit est vrai. A la vue de la tiédeur des hommes envers Dieu et de leur soif des biens terrestres, il me demanda une marque de mon amour, pour éteindre en eux le feu de la cupidité et allumer celui de la charité. La marque que je lui ai donnée, moi qui suis l'amour, fut que ceux qui viendraient dans sa demeure pauvres et dépourvus, seraient remplis de mes bénédictions et recevraient la rémission entière de leurs péchés. 1)

Tant de raisons ont permis à Bourdaloue, le plus grave de prédicateurs, de prononcer les paroles suivantes du haut de la chaire : « Je prétends que de toutes les indulgences, celle de Notre-Dame-des-Anges est une des plus assurées et des plus authentiques qu'il y ait dans l'Eglise. » 2)

En quelle année Dieu accorda-t-il cette célèbre Indulgence ? — Wadding, et après lui presque tous les historiens, disent que saint François se rendit à Pérouse auprès d'Honorius III l'an 1221 et à Rome pour la détermination du jour de cette Indulgence l'an 1223. Bien que les anciens documents n'indiquent pas l'année de cet évènement, nous avons néanmoins assez de faits certains pour en préciser la date.

D'après ces documents, Frère Pierre de Catane accompagna saint François à Rome, pour la seconde confirmation de l'Indulgence. Or Pierre de Catane mourut le 10 mars 1221, comme l'atteste clairement l'épitaphe placée au-dessus de son tombeau près de la sainte chapelle. 3) L'antique

1) Sainte Brigitte, révélations, extrav. ch. XC. Les révélations de cette sainte ont été examinées et confirmées au concile de Bâle.

2) Sermon pour la fête de N.-D. des Anges.

3) Octave Spader, croyant que Pierre de Catane avait accompagné saint François à Rome l'an 1223, voulut concilier l'inscrip-

bréviaire, autrefois à l'usage de saint François, indique la même date pour la mort du Frère Pierre. [1] D'ailleurs Wadding lui-même dit que Pierre de Catane mourut en 1221, sans s'apercevoir de sa contradiction en disant que l'an 1223 il accompagna le séraphique Père a Rome. Le même annaliste ajoute qu'après avoir examiné avec soin tous les régistres du Pape Honorius III, il acquit la conviction que le Pape ne se trouvait à Pérouse que l'an 1216 et au mois d'octobre de l'an 1221. Pierre de Catane étant déjà mort depuis six mois quand Honorius III se trouva pour la seconde fois à Pérouse, la concession du Pardon n'a donc pu avoir lieu que l'an 1216. En effet Innocent III mourut à Pérouse le 16 juillet 1216 et deux jours après, les cardinaux élurent Honorius III, qui fut ensuite sacré le 24 du même mois.

tion de l'épitaphe avec cette date. L'ouvrier, dit-il a mal placé les chiffres; au lieu de lire: ✝ ANN. DNI. M.CCXXI. VI° ID'MARTII, l'an du Seigneur mil deux cent vingt et un, sixième des ides de mars, il faut lire ANN. DNI. M.CCXXIV. II.D. MATII, l'an du Seigneur mil deux cent vingt-quatre deuxième jour de mars. Les Bollandistes, sans examiner l'inscription, ont suivi l'interprétation de Spader, quant à la mort de Pierre de Catane. Mais quiconque lira cette inscription, trouvera l'explication de Spader impossible; car, comme le remarque le Père Pamphile de Magliano 1.° au dessus du VI se trouve un petit *o*, ce qui veut dire absolument *sexto*. 2.° le signe d'abbréviation gothique sur la lettre D signifie *us* et fait avec le I idus et ne peut signifier *II dic*. Cette abbréviation est répétée avec le même sens, en d'autres endroits de l'épitaphe. 3.° Après les chiffres XXI il y a un point bien marqué. Il faut donc en conclure que l'ouvrier a sculpté ces lettres avec beaucoup de soin. Cette épitaphe remonte au temps de saint François.

1) Papini Storia di S. Francesco, adp. n. IX. — Ce bréviaire est conservé au couvent de Sainte-Claire à Assise.

Au commemement de septembre, le Pape quitta Pérouse pour aller résider à Rome. [1] C'est donc un fait qui n'admet plus de doute que l'indulgence du Pardon a été accordiée par Jésus-Christ et confermée par le Pape l'an 1216, entre le 24 juillet et le mois de septembre. [2]

Les anciens documents disent de plus qu'au mois de janvier, Jésus-Christ fixa le jour de l'Indulgence au 2 août. Pieracina Pieri de Florence, traduisant en italien la lettre de Conrad l'an 1390, dit que cette seconde confirmation de la part du Christ eut lieu au mois de janvier de la même année que la première, c'est-à-dire dans l'intervalle d'une année, comme le contexte le rend manifeste. [3] Dans son apologie de l'Indulgence de la Portioncule, le savant Père Bonelli de Cavallese soutint d'abord l'opinion de Wadding. Mais après avoir mûrement étudié cette question, il confessa son erreur et écrivit dans le Prologue aux oeuvres de saint Bonaventure : « Il est hors de doute que l'Indulgence de la Portioncule fut concédée par Honorius III à Pérouse l'an 1216 et que le jour en fut déterminé à Rome en 1217

1) Bollandistes. A S.S. 4 Octob.

2) Bartoli (Lib. Ind. S. Maria Ang.) dit que saint François a obtenu cette indulgence *peu* d'années après s'être converti à Dieu et après avoir réparé l'église de la Portioncule.

3) Dans les Bullaires on trouvé que les bulles et les brefs du Pape Honorius III sont datés de Rome *apud Sanctum Petrum* à partir des premiers jours de septembre 1216 jusqu'à la fin de l'année. Mais à partir du 2 janvier 1217 ils sont datés du Latran. (Guasti, Basilica di S. M. degli Angeli.) Saint François se rendi en effet au Latran pour se présenter au Pape.

et que sa publication eut lieu le 1er août de la même année. » 1)

On est donc autorisé à croire que saint François eut pendant dix ans la consolation de voir les chrétiens accourir à la Portioncule pour obtenir de Dieu pardon et miséricorde. La vision prophétique dont parlent les premiers biographes reçut son accomplissement. « Un pieux Frère, étant encore séculier, dit Thomas de Célano, eut une vision près de l'église de la Portioncule. Il aperçut une multitude innombrable d'hommes frappés d'une déplorable cécité. Ils étaient tous rangés autour de l'église, le visage tourné vers le ciel et les genoux en terre et d'une voix suppliante et les mains levées vers le ciel, ils conjuraient Dieu d'avoir pitié d'eux et de leur ouvrir les yeux. Tout à coup une grande lumière, descendant du ciel, se répandit sur tous ces aveugles, et leur rendit la vue et la santé demandées avec tant d'instances. » 2) Le bienheureux Egide avait bien

1) Papini et Pamphile de Magliano soutiennent la même chose. Le Bienheureux François de Fabriano dit dans son attestation « L'an 1216, le 2 août, fut consacrée l'église de Sainte-Marie-des-Anges par sept évêques. Le Pape Honorius III y attacha une Indulgence de la peine et de la coulpe et le bienheureux François l'annonça au peuple en presence des sept évêques de la part de Jésus-Christ, de sa Très-sainte Mère et du Pape. » (A. S.S. 4 oct Anal par III). Il y a ici un anachronisme, car au mois de janvier de l'an 1216 Honorius n'était pas encore Pape. Mais ce témoignage montre que l'indulgence fut publiée bien avant la mort de Pierre de Catane. Le bienheureux voulut sans doute dire que l'an 1216 commencèrent les évènements relatifs à cette Indulgence.

2) Vie II ch. XIII. — S. Bonaventure, Leg. maj. ch. II.

raison de dire: « Si grandes et si nombreuses sont les grâces qu'on obtient à la Portioncule, que si le monde le savait, le monde entier y accourrait. » 1)

Jésus Christ a déclaré à saint François, qu'il se chargerait lui-même de manifester son oeuvre en temps opportun. L'évêque Conrad dit en effet dans sa lettre: « Le Seigneur lui-même glorifie, exalte et propage cette Indulgence presque chaque année, par des prodiges et des miracles. » Nous ne pouvons pas raconter dans ce petit volume les faits merveilleux qui sont arrivés á l'occasion de cette Indulgence; nous nous bornerons à citer le prodige suivant, emprunté à Bartoli. « L'an 1303 pendant qu'une foule de pélerins se pressaient autour de la sainte chapelle le 2 août, on entendit un bruit semblable à celui du tonnerre, et à la vue de tous les assistants une colombe blanche comme la neige fit cinq fois le tour de la chapelle et disparut. En même temps le P. Conrad de Offida 2) de sainte mémoire, vit la sainte Vierge assise au sommet de la chapelle, tenant l'Enfant Jésus dans les bras. Jésus leva sa petite main et bénit le peuple. » 3) Par suite de ces prodiges les pélerins affluèrent de plus en plus à la Portioncule. Déjà le bienheureux Jean de l'Alverne raconte que de son temps il en venait une foule

1) P. Ridolphe, F. Min. Con.

2) Ce religieux a été béatifié par la sainte Eglise.

3) Voir partie II ch. I. § 1. Jacques des Oddi raconte dans la Franceschina qu'en 1460 un jeune homme vit aussi le divin Enfant bénir trois fois le peuple.

innombrable. En 1309, il entendit la confession d'un homme agé de plus de cent ans qui était venu à pied à la Portioncule des environs de Pérouse. Admirant son zèle et sa piété, le bienheureux lui demanda après la confession comment à son âge il avait osé entreprendre un trajet si pénible. « Mon Révérend Père, répondit la vieillard, si je ne pouvais venir à pied, je me fesaís transporter en ce lieu, pour ne pas perdre les fruits d'un si grand jour. » Sur les instances du bienheureux Jean, qui désira connaître le motif d'une telle dévotion, le veillard lui dit : « J'étais présent lorsque saint François, logeant chez mon père selon sa coutume, lui raconta qu'il allait à Pérouse pour demander au Pape la confirmation de l'Indulgence, obtenue de Notre Seigneur. Depuis ce temps là, je n'ai pas manqué de venir chaque année à la Portioncule le jour du Pardon et je n'y manquerai jamais. » 1)

La ferveur de ce bon vieillard était alors commune aux chrétiens de cette époque de foi. Quiconque y venait une fois, retournait l'année suivante avec de nouveaux compagnons. Leur nombre augmenta tellement qu'il y eut parfois jusqu'à deux cent mille personnes réunies autour de la chapelle de la Portioncule. Frère Barnabé de Sienne, le compagnon de saint Bernardin de Sienne, dit, en parlant des pélerins qui venaient à Sainte-Marie-des-Anges le 2 août : « Voyant cette innombrable multitude de peuple, je me

1) Wadding, 1309.

demandais si vraiment il se trouvait tant de monde dans toute l'Italie. »

Durant quatre siècles, le sanctuaire de la Portioncule fut le seul au monde qui jouit du merveilleux privilége du Pardon. Mais le Pape Grégoire XV, voulant empêcher le trop grand encombrement à la Portioncule et désirant offrir les avantages de cette Indulgence à un plus grand nombre de personnes, concéda cette faveur à toutes les églises des Frères Mineurs de la Regulière et de la Stricte Observance, par une bulle du 4 juillet 1622. Le 12 octobre suivant il fit la même concession aux églises des Frères Mineurs Capucins. Enfin en 1643 le 13 janvier, le Pape Urbain VIII étendit ce privilége aux églises des Tertiaires Réguliers. Mais cette Indulgence n'a été accordée à ces diverses églises qu'aux conditions ordinaires. 1)

1) Quoique l'Indulgence accordée aux autres églises franciscaines soit la même quant à l'effet que celle de la Portioncule, elle en diffère cependant quant à l'origine et quant aux conditions exigées pour la gagner. 1.° Celle de la Portioncule a été concédée par Jésus-Christ lui-même; l'autre a été accordée par les Souverains Pontifes 2.° A la Portioncule il suffit de s'être confessé et de passer par la chapelle le cœur contrit, tandisque dans les autres églises sont requises la confession, la communion et certaines prières faites à l'intention du Saint-Père, chaque fois qu'on y entre. 3.° A la Portioncule l'Indulgence n'est jamais suspendue durant le Jubilé et peut se gagner soit pour les vivants soit pour les défunts, (bulle d'Innocent XII, 21 août 1699); tandis que dans les autres églises *on ne peut la gagner que pour les défunts.* (Ferrari) 4.° Il est certain que l'Indulgence accordée aux autres églises ne peut pas s'appliquer aux personnes absentes; ce qui n'est pas certain pour la Portioncule. De graves auteurs comme Barthélemy de Pise (Conform. 8) Wadding (1223)

Bien que le nombre des pélerins ait diminué par suite de ces concessions et, disons le aussi, par suite du refroidissement de la ferveur primitive, néanmoins chaque année un très grand nombre de fidèles accourent à Sainte-Marie-des-Anges pour gagner le Pardon. Vers la fin du mois de juillet, on voit sur toutes les routes des troupes d'hommes et de femmes, d'enfants et de vieillards qui s'acheminent vers la Portioncule, priant, chantant, ou se racontant les merveilles de ce lieu béni. Dès qu'ils ont atteint le seuil de la Basilique, ils poussent le cri enthousiaste d'*Evviva Maria*, se jettent à terre et baisent le sol, héureux d'être arrivés au terme de leur pélerinage. Les trois premiers jours sont consacrés à la préparation à la grande fête ; chaque année a lieu un Triduum solennel pour aider les fidèles par la prière et la parole de Dieu à puiser le plus avantageusement possible dans ces sources de grâces. 1) Pendant ce temps plus de trente confesseurs sont occupés à purifier les âmes au tribunal de la Pénitence. Lorsqu'enfin le premier août, après midi, la cloche donne le signal que l'heure sainte est venue, les portes de la sainte chapelle s'ouvrent et les pélerins, poussant un nouveau cri d'*Evviva Maria*, se précipitent vers le sanctuaire.

et Reiffenstuel (Theol. Mor. Tract. 12 Disp. 5) disent qu'elle peut s'appliquer aux personnes *empêchées* de se rendre à la Portioncule si, elles sont d'ailleurs bien disposées.

1) Bartoli dit dans son *Histoire de l'Indulgence* que déjà de son temps (1325) c'était l'usage de prêcher en plusieu langues, les sept jours qui précédaient la fête du Pardon.

Ils entrent par une porte et sortent par l'autre, en saluant simplement l'autel, et cette procession en masse compacte dure jusqu'au lendemain au soir. Il est impossible de n'être pas ému à la vue de cette multitude de fidèles, qui par leurs prières, leurs chants et leurs invocations témoignent chacun à sa manière, leur amour et leur reconnaissance envers Dieu et sa très sainte Mère. Le chrétien en contemplant ce spectacle bénit Dieu dans son coeur et lui rend de sincères actions de grâces d'avoir bien voulu, sur les instances de saint François, établir un tribunal perpétuel de pardon et de miséricorde dans ce vénérable sanctuaire.

Sur la demande de l'empereur Léopold, de Charles II roi d'Espagne, de la reine Marie-Anne d'Autriche, d'Eléonore duchesse de Lorraine et reine de Pologne et du Grand-Duc de Toscane, le Pape Innocent XII concéda en 1695 une indulgence plénière, chaque jour à perpétuité, à quiconque visiterait la Basilique de Notre-Dame des Anges, en remplissant les conditions ordinairement prescrites. Le Pape a accordé cette nouvelle faveur, pour augmenter, dit-il, dans le coeur des fidèles l'amour pour ce lieu sacré, et pour les engager de plus en plus à visiter le Berceau de l'Ordre séraphique qui est une source continuelle de grâces et de bénédictions. La Basilique a été en outre enrichie de neuf autels privilégiés, auxquels on peut gagner une indulgence plénière pour les défunts, en faveur desquels on célèbre le saint sacrifice de la messe.

Chapitre VIII

Chapitre de l'an 1217. — Partage de l'Europe en Provinces. — Choix de Paris. — Cardinal-Protecteur. — Une tentation. — Amour de la nature. — La brebis. — Le corbeau. — Nouvelles constructions. — Chapitre des nattes. — Multiplication des pains.

À la Pentecôte de l'année 1217 avait lieu un autre chapitre qui contribua beaucoup à l'extension de l'Ordre dans le monde. Dans ce chapitre saint François établit des Ministres Provinciaux 1)

1) Wadding dit que les Ministres Provinciaux furent nommés dans le chapitre de l'an 1216. Les Bollandistes assurent qu'on nomma les Ministres Provinciaux en 1219. Ils s'appuyent sur le texte des Trois Compagnons qui disent : « Onze ans après que la Religion avait commencé ... furent élus les Ministres Provinciaux. » Les Bollandistes ont cru que les Trois Compagnons voulaient dire : onze ans après que saint François eut fondé son Ordre dans la chapelle de la Portioncule, en 1209. Mais la Chronique des XXIV Généraux, paraphrasant en quelque sorte le

qui furent assignés aux diverses contrées de l'Europe: Elie fut envoyé en Toscane, Benoit d'Arezzo dans les Marches, Jean de Stracchia en Lombardie, Augustin dans la Terre du Labour, Daniel dans le Calabre, un autre dans la Pouille, Bernard de Quintavalle en Espagne, Jean de Parme en Allemagne avec 60 religieux, Jean Bonelli de Florence dans la Gaule-Narbonnaise. [1] Saint François se réserva la France proprement dite, c'est-à-dire Paris et les provinces environnantes, ainsi que la Gaule-Belgique. Outre l'affection naturelle qu'il avait pour ce pays dont il se plaisait à parler la langue, il aimait encore la France parcequ'elle avait une grande dévotion envers la divine Eucharistie ; c'était là un bien vif attrait pour son ardente piété envers l'Homme-Dieu. « François, dit Thomas de Célano, était transporté d'amour pour le sacrement du Corps du Christ, en considérant l'immense charité et condéscendance du Sauveur dans l'Eucharistie. Pour tout chrétien c'était mépriser Jésus, pensa-t-il, que de ne pas assister chaque jour au moins une fois au saint sacrifice de la messe, s'il en avait l'occasion. Il communiait fréquemment et avec

texte des Trois Compagnons dit : L'an 1217, onze ans après le commencement de l'Ordre, en comptant depuis la conversion de saint François... furent assignées les Provinces et élus les Ministres. La Chronique de Saxe dit la même chose. Se basant sur un texte mal interprété, les Bollandistes ont commis plusieurs erreurs touchant la chronologie des chapitres et des faits qui s'y rapportent.

1) Contrairement à l'assertion de Wadding, le pouvoir de recevoir des novices ne fut accordé aux Provinciaux qu'en 12[illegible]0.

tant de ferveur, qu'il inspirait la plus ardente dévotion à ceux qui l'environnaient. C'est pour cela qu'il aimait la France, parceque la France aimait le Corps du Seigneur, et il désirait y mourir, parçequ'elle avait un profond respect pour les choses saintes. » 1)

Après avoir animé tous ses disciples par son zèle, il se mit en route pour son cher pays de France et passa par Florence où se trouvait en ce moment le Cardinal Ugolini, 2) en qualité de légat apostolique. Saint François et le cardinal, dit Thomas Célano, n'étaient pas encore unis par l'amitié; mais la renommée de la sainteté de leur vie était pour eux le lien d'une mutuelle et affectueuse bienveillance. Du reste le bienheureux François avait la coutume de saluer les évêques et les prêtres, en entrant dans une ville ou dans un pays; et lorsqu'il apprit qu'un Prélat si éminent se trouvait à Florence, il voulut lui offrir ses hommages. » 3) Le cardinal le dissuada de se rendre en France, alléguant divers motifs pour lui prouver que sa présence était encore nécessaire en Italie, afin de maintenir l'oeuvre qu'il avait commencée. Les raisons du cardinal décidèrent le saint à renoncer à son voyage. Il retourna à Sainte-Marie-des-Anges, et envoya en

1) Thomas de Célano — Vie II, p. III ch. CXXIX.

2) Le Bullaire Romain (C. Coquelines, Edit rom. 1740) contient un bref par lequel le Cardinal Ugolini fut nommé légat de la Toscane; le bref est daté du 23 janvier 1217. — La Chronique des XXIV Généraux dit en effet que saint François vit le cardinal à Florence, l'an 1217.

3) Thomas de Célano — (Vie I, p. I ch. XXVII).

France à sa place, Frère Pacifique, *le roi des vers,* avec Ange et Albert de Pise. « Le saint voyait bien des loups qui cherchaient à nuire à son petit troupeau, continue le premier biographe, et il prévoyait que parmi ses propres Enfants pourraient surgir des sujets de discorde, comme cela arrive souvent, même parmi les élus. Cette pensée préoccupait l'homme de Dieu, lorsqu'une nuit, pendant qu'il dormait, il eût une vision. Il vit une poule noire, semblable à une colombe domestique, avec les pattes et les jambes toutes couvertes de plumes. Elle avait d'innombrables poussins qui se pressaient autour de leur mère, mais sans pouvoir tous se réfugier sous ses ailes. A son réveil il se mit à méditer ce qu'il avait vu et interpréta lui-même cette vision. « La poule c'est moi, dit-il, qui suis petit de taille et noir par nature; j'ai besoin, pour me garder du péché? d'imiter la simplicité de la colombe, qui prend son essor vers le ciel d'autant plus facilement qu'elle touche moins rarement la terre. Les poussins ce sont les Frères, qui ont augmenté en nombre et en grâce; mais la puissance de François ne suffit pas pour les protéger contre les attaques des hommes et les contradictions des méchants. J'irai donc les recommander à la sainte Eglise Romaine, dont la puissante verge chatie les méchants, et permet aux enfants de Dieu de jouir d'une pleine liberté pour ass rer leur salut éternel. » 1) Peu après cette vision il se rendit à

1) Trois Compagnons — ch. XV — D'après les Trois Compa-

Rome et pria le Pape Honorius de lui accorder un Cardinal pour Protecteur de son Ordre. » [1] Le Cardinal Jean de saint Paul qui en toutes circonstances avait chaudement défendu ou recommandé saint François et ses disciples était déjà mort ; mais Dieu, disent les Trois Compagnons, avait inspiré au Cardinal Ugolini, évêque d'Ostie, d'aimer, de défendre et de nourrir le bienheureux François et ses Frères.

Sur la demande de saint François et d'Ugolini lui-même, ce dernier devint le premier Cardinal-Protecteur de l'Ordre, nommé par le Saint-Siége. François s'attacha au cardinal comme un fils s'attache à son père, et le cardinal aima François et ses Enfants avec une tendresse de mère. La sollicitude pour ses pupilles s'étendait à tout; il assistait aux chapitres et prenait leur parti en toute occasion. Il se plaisait à vivre au milieu d'eux dans l'humble couvent de la Portioncule. Voici un trait qui révèle la vertu de ce saint et illustre personnage. Il vint un jour à Sainte Marie des Anges, à l'occasion d'un chapitre, avec un grand nombre de nobles et de clercs. Voyant comment les Frères dormaient sur la dure, n'ayant d'autre lit que la terre nue, il se mit à pleurer à chaudes larmes en présence de tous et s'écria : « Voyez donc l'austérité de ces pauvres Frères! Qu'en sera-t-il de nous autres malheureux, qui vivons dans les superfluités ! » Tous les as-

gnons saint François avait cette vision quelques années avant de demander un Cardinal Protecteur.

1) Thomas de Célano — Vie I, par. 1 ch. XVI.

sistants furent attendris. Cet évêque d'Ostie, ajoute Thomas de Célano, fut plus tard élevé sur le trône pontifical, sous le nom de Grégoire IX et continua à assister le bienheureux Père jusqu'à ce qu'il rendit son âme à Dieu, comme un agréable holocauste. Oh! entrailles de charité! Elevé à une si haute dignité, il se plaignait de n'avoir pas de vertu, quand sa vertu était plus éminente que son trône. 1)

L'année 1218 se passa entre le séjour que saint François fit à Sainte-Marie-des-Anges et plusieurs courses apostoliques dans les provinces voisines. A cette époque, il fut délivré d'une longue et violente tentation. Thomas de Célano se contente de dire, que par la permission divine le saint fut pendant plusieurs années tourmenté d'une tentation d'esprit. Marc de Lisbonne ajoute que c'était une profonde mélancolie qui lui faisait trouver du dégout en toutes choses, jusque dans l'oraison. 2)

Se trouvant un jour dans sa pauvre cellule à Notre-Dame-des-Anges, il fit tous ses efforts pour surmonter cette tentation, en recourant aux prières, aux larmes et aux macérations. Il entendit alors une voix céleste qui lui dit: « François si tu avais de la foi comme un grain de sénevé, tu dirais à cette montagne de se transporter ailleurs, et elle se transporterait ailleurs. » — « Seigneur quelle est cette montagne, répondit le saint? » La même

1) Thomas de Célano — Vie II, p. III ch. IX.
2) Thomas de Célano, Idem. — Marc de Lisbonne Liv. I, p. 72.

voix lui dit: « C'est ta tentation. » François s'écria alors en gémissant: « Qu'il soit fait, Seigneur, comme vous l'avez dit: » Dans le même moment, la tentation cessa et il jouit de nouveau de la paix intérieure.[1] Dieu sut bien compenser ensuite, par des joies spirituelles, les pénibles épreuves que saint François avait si noblement supportées.

« Qui pourrait exprimer la douceur dont il se sentait inondé, en contemplant dans les créatures la sagesse, la puissance et la bonté de Dieu. Il embrassait avec une ineffable tendresse tous les êtres créés, leur parlait du Seigneur et les invitait à publier sa gloire. Il s'abstenait d'éteindre les lampes ou les cierges, ne voulant pas que sa main fît disparaître la lumière, image de la splendeur du ciel. Au jardinier il commandait de ne pas bêcher les abords du jardin, afin qu'en son temps la verdure du gazon et la beauté des fleurs rappelassent la beauté infinie du divin Créateur. Il voulait qu'on cultivât des plantes odoriférantes, qui nous rappellent la suavité éternelle. Il recueillait les vermisseaux dans les chemins et les déposait à l'écart, pourqu'ils ne fussent pas écrasés sous les pieds des passants. Pendant l'hiver il faisait donner du miel et du vin aux abeilles, pour qu'ils ne mourussent pas de faim. A tous les êtres animés il donnait le nom de *frère* et de *soeur ;* mais il affectionnait surtout les animaux doux et paisibles. »[2] Du reste toute la nature

1) Thomas de Celano — Vie II, p. III ch. LVIII.
2) Thomas de Célano — Vie II, par. III ch. CI.

semblait lui être soumise. A la Portioncule, il y avait sur un figuier près de la cellule du serviteur de Dieu, une cigale occupée à chanter. Une fois il étendit sa main et l'appela en disant: « Viens, ma soeur cigale, viens à moi. » Celle-ci, comme si elle avait eu l'usage de la raison, vint aussitôt se placer sur sa main. « Chante à présent, ma soeur cigale, les louanges de Dieu ton Créateur, chante joyeusement. » Aussitôt elle se mit à chanter et ne s'arrêta point, que le saint ne lui eut commandé de retourner sur son figuier où elle resta l'espace de huit jours. En sortant de sa cellule le saint la touchait souvent de sa main et lui disait de chanter, ce qu'elle faisait chaque fois sur-le-champ. Un jour il dit á ses compagnons : « Il est temps de donner à notre soeur la cigale la permission de s'en aller ; elle nous a assez réjouis de ses chants. » Il la congédia donc et elle ne se montra plus en ce lieu. Inutile de dire combien les Frères, témoins de ce prodige, en étaient émerveillés. [1]

Saint Bonaventure nous raconte un autre trait de l'affection de saint François pour les animaux et de son pouvoir sur eux. « Une fois, dit-il, à Sainte-Marie-des-Anges, on offrit à l'homme de Dieu une brebis. Il la reçut avec reconnaissance à cause de la simplicité et de l'innocence naturelle à cet animal. Il l'avertit d'être attentive à louer Dieu et de s'abstenir de toute offense envers les Frères. La brebis, comme si elle eut compris la tendre

1) Thomas de Célano — Vie II, p. III ch. CVII.

piété qui animait le saint, se conformait avec la plus grande exactitude à ses avis. Quand elle entendait chanter les Frères au choeur, elle entrait d'elle-même à l'église, fléchissait les genoux et se mettait à bêler devant l'autel de la Vierge, Mère de l'Agneau sans tache, s'efforçant de lui offrir ainsi ses salutations. A la messe, lorsqu'on élevait le très saint Corps de Jésus-Christ, elle se prosternait profondément, comme pour accuser par son respect les hommes sans dévotion et inviter en même temps les coeurs pieux à révérer avec le plus profond respect ce Sacrement d'amour. 1)

La chronique des XXIV Généraux rapporte une histoire bien plus merveilleuse : c'est celle du fameux corbeau de la Portioncule. Bien que les naturalistes nous vantent la sagacité des corbeaux et leur facilité à s'apprivoiser, celui de la Portioncule surpasse cependant tous ses congénères.

Le corbeau de saint François partageait les exercices des religieux. Il allait au choeur avec eux, se rendait au réfectoire au temps des repas, et comme il voyait les Frères se laver les mains avant de manger, lui se lavait le bec. Il apprit aussi à parler et à comprendre d'une certaine manière ce qu'on lui disait. Le saint Patriarche lui commanda un jour au réfectoire d'aller à l'infirmerie pour servir les malades et leur procurer ce dont ils avaient besoin. Le corbeau obéit aussitôt. Lorsqu'il manquait quelque chose

1) Légende Maj. ch. VIII.

aux malades, il allait à Assise, accompagné du Frère commissionnaire. Il entrait dans les maisons des riches et leur demandait l'aumône, et certes on ne la lui refusait jamais. Fréquemment il allait quêter au palais de l'évêque, et une fois entre autres, il le rencontra *pendant qu'il pontifiait à l'église*. Comme l'évêque lui répondit qu'il ne pouvait rien lui donner en ce moment, maître corbeau lui enleva la mitre et la porta chez le boucher, à qui il la consigna en gage afin d'obtenir de la viande pour deux malades. Ce même corbeau demandait un jour l'aumône à un gentilhomme, et comme celui-ci lui répondit par un refus, le corbeau lui donna un solide coup de bec dans la jambe, qui était découverte à cause de la chaleur. Le quêteur vindicatif en fut quitte pour un bon coup de bâton. Le corbeau ne fit rien de plus alors. Mais un jour qu'il rencontra sur la route ce même gentilhomme à cheval, le corbeau se souvint de la bastonnade. Il se mit à voltiger autour de lui et finit par lui enlever son chapeau qu'il alla déposer triomphalement sur le sommet d'un arbre.

Le gentilhomme dut descendre de cheval et se résigner bon gré mal gré à grimper sur l'arbre, pour reprendre son chapeau. Le corbeau n'était pas encore satisfait. Voyant que le cheval restait seul sur la route, il le tourmenta si bien à coups de bec qu'il le forçât à prendre la fuite. A la mort de saint François, le fidèle corbeau fut tellement attristé, qu'il tomba malade et refusa toute nourriture. Il se rendit un jour dans l'église de

Saint-Georges où le saint était enseveli, et peu de temps après il mourut près du tombeau de son bien aimé maître. [1] Saint François prêchait la parole de Dieu à toutes les créatures et toutes les créatures lui parlaient de Dieu, et l'innondaient de paix et de consolation. Les plus petites choses lui servaient d'échelle, dit son premier biographe, pour s'élever jusqu'au trône du Tout-Puissant. La suave mélodie spirituelle, ajoute-t-il, résonnant dans son âme, se traduisait au dehors par des sons français et le murmure des divins secrets que son oreille saisissait furtivement, se manifestait à l'extérieur par des jubilations françaises. Souvent, comme je l'ai vu de mes propres yeux, il ramassait un morceau de bois, le mettait sur le bras gauche et prenait dans la main droite un archet plié avec un fil. Puis il râclait son morceau de bois avec l'archet absolument comme il l'aurait fait avec un violon; il accompagnait ses gestes et ses mouvements, en chantant les louanges du Seigneur en langue française. Le plus souvent ces accents de joie se terminaient par des larmes et cette jubilation se transformait en gémissements au souvenir de la Passion du Christ. Ensuite il poussait de profonds soupirs, pleurait amèrement et, oubliant ce qu'il tenait entre les mains, il se sentait ravi en extase et se tenait suspendu dans les airs. [2]

Quelque temps avant l'ouverture du Chapitre

1) Chronique des XXIV Généraux, M. S. fol 43.
2) Thomas de Célano, Vie II, p. III, ch. LVII.

général de l'année 1219, François se rendit de nouveau sur le mont Alverne et de là il alla prêcher dans diverses localités où il fonda plusieurs couvents. Pendant son absence les habitants d'Assise construisirent en toute hâte une grande maison près de la Portioncule, afin que les Frères qui viendraient à ce chapitre trouvassent au moins un abri. Lorsque saint François revint à Sainte-Marie-des-Anges pour faire les préparatifs du chapitre, il fut fort surpris d'y voir le nouvel édifice et à la vue de sa grandeur, il fut vivement affligé. Transporté d'un saint zèle, il monte sur le toit, arrache les tuiles et les briques et les lance sur le sol. En même temps il invite ses Frères à démolir avec lui cette construction si peu conforme à la sainte pauvreté. Il l'aurait effectivement détruite de fond en comble, si des gentilshommes d'Assise, qui se trouvaient alors présents, ne l'en eussent empêché, en disant que cette maison n'appartenait pas aux Frères, mais bien à la commune d'Assise. 1)

Les habitants, ajoutaient-ils, l'avaient construite, parce qu'ils ne pouvaient voir sans se déshonorer eux-mêmes les religieux obligés de passer la nuit en plein-air. Sur cette remarque, François descendit en prononçant ces paroles : Si c'est là votre maison, je la laisse et n'y toucherai pas ; mais ni moi ni mes Frères, nous ne nous en occuperons jamais ; prenez en soin vous-mêmes. » Il fut ensuite arrêté par une délibération, que les

1) Thomas Célano Vie II, p. III, ch. III.

GABRIELE CARLOFORTI — ASSISI

VRAIE EFFIGIE DE S. FRANÇOIS (L. DELLA ROBBIA)

magistrats d'Assise l'entretiendraient et en feraient les réparations, tout en la laissant à l'usage des Frères. 1)

Le 26 mai de l'année 1219 fut un grand jour dans l'histoire de la Portioncule, qui devint le théâtre d'un des principaux et des plus importants chapitres de l'Ordre. C'était le lundi de la Pentecôte. 2) Les Frères arrivés de toutes les parties du monde, s'y trouvèrent réunis au nombre de cinq mille. 3) Le couvent de la Portioncule ne pouvant abriter cette multitude de religieux, malgré sa nouvelle construction, on dressa dans la campagne environnante des cabanes faites de nattes de jonc et de paille; ce qui a fait surnommer ce chapitre, *le chapitre des nattes.* Le cardinal Ugolini vint présider cette assemblée en qualité de Cardinal Protecteur. Lorsqu'il fut près de Sainte-Marie, tous les Frères allèrent processionnellement à sa recontre. Aussitôt que le cardinal les aperçut, il descendit de cheval et se rendit à pied dans la petite église, par respect et vénération pour les religieux. Il leur adressa ensuite un discours et chanta solennellement la Messe, tandis que saint François chanta l'Evangile, 4) en qualité de diacre. Le cardinal visita ensuite les rangs des soldats de Jésus-Christ. Il les trouva

1) Wadding an 1219.
2) Les Bollandistes A. S.S. 4 Oct.
3) Saint Bonaventure Lég. maj. ch. IV — Thomas Eccleston donne le même chiffre d'après le Frère Martin de Barton, qui avait assisté au chapitre.
4) Les trois compagnons ch. XIV.

assemblés par groupes, ne s'entretenant que des choses divines, de leur salut et de celui du prochain. A cette vue le pieux cardinal, les yeux baignés de larmes, dit aux nobles et aux clercs qui l'avaient suivi : « En vérité, voici le camp du Seigneur. » François fit à ses Frères une exhortation en forme de sentences courtes et enflammées dont l'histoire nous a conservées quelques unes. « Le plaisir est court, dit-il, la peine est éternelle; les souffrances sont légères, la gloire est infinie ; beaucoup sont appelés; peu sont élus; tous recevront ce qu'ils auront mérité. » [1] Sachant que beaucoup d'entre eux s'étaient livrés à des mortifications excessives, il ordonna à tous d'apporter leurs cottes de mailles, leurs ceintures de fer et autres instruments de macération. Tous obéirent sur-le-champ, et l'on vit tout un monceau d'instruments de pénitence inventés par une ingénieuse ferveur. Le saint rappela de nouveau à ses enfants une conduite plus discrète et plus conforme à la fin d'un Ordre voué à la pénitence, il est vrai, mais destiné en même temps aux labeurs apostoliques. [2] Il leur recommanda aussi sa chère pauvreté comme la pierre fondamentale de l'Ordre et les exhorta à ne recevoir ni église, ni maison qui ne fut conforme à cette vertu. [3]

1) Thomas de Celano dit que ces paroles furent prononcées par saint François comme un modèle de prédication que doit faire un Frère savant dans un chapitre où il y a des Frères savants — Vie II, p. III — Barthelemy de Pise dit que saint François les prononça dans ce chapitre.

2) Wadding 1219.

3) On n'a pas toujours pu suivre ses intentions. A la Portion-

Enfin il les exhorta à ne jamais s'inquiéter de ce qui concerne le corps et leur répéta cette parole du Psalmiste, qui lui était familière: « Charge le Seigneur du soin de ta vie, et lui-même te nourrira. »

Ces paroles avaient bien été sa propre règle de conduite ; car il n'avait fait aucune provision pour cette multitude de personnes. Saint Dominique, qui par amitié pour notre saint était venu à cette assemblée avec sept compagnons, [1] craignit qu'il n'y eut dans cette confiance un excès voisin de la présomption. Mais il changea bientôt de sentiment, lorsqu'il vit affluer de toutes les villes et de tous les hameaux environnants des chevaliers et des paysans, qui apportaient aux pauvres de Dieu les provisions nécessaires pour tout le temps

cule, par exemple, le Pape Nicolas IV ordonna la construction d'une grande église et saint Pie V ordonna plus tard celle de la basilique actuelle, voulant qu'il yeut un monument digne de la sainteté de ce lieu. Saint Bonaventure faisait déjà remarquer qu'une nombreuse communauté, chargée de différents exercices, a besoin de maisons proportionnées. Aussi saint Bernardin de Sienne, le bienheureux Bernardin de Feltre et d'autres saints religieux ont cru devoir construire le couvent actuel.

1) Le P. Echard, annaliste de l'Ordre des Frères Prêcheurs, a raison de dire contre les Bollandistes et Wadding que saint Dominique ne se trouvait jamais à Pérouse avec saint François et le cardinal Ugolini en 1219, quand celui-ci les engagea à permettre à leurs Frères d'être élevés aux dignités ecclésiastiques. (De Script. — O. P.) Thomas de Célano dit que le cardinal Ugolini leur fit cette proposition à Rome et qu'à cette même occasion saint Dominique demanda à saint François sa corde et lui exprima son désir d'entrer dans l'Ordre des Frères Mineurs avec tous ses religieux (Vie II, p. III ch. LXXXVII) Mais le P. Echard a tort contre Wadding et les Bollandistes de nier que saint Dominique se soit trouvé à la Portioncule en 1219.

que dura le chapitre. [1] Une des décisions les plus remarquables, prises à cette occasion, fut la célébration chaque samedi, dans tous les couvents de l'Ordre, d'une messe en l'honneur de l'Immaculée-Conception de la sainte Vierge. [2]

Il appartenait à la Portioncule d'engendrer de nouvelles phalanges de hérauts de Marie, qui iraient dans l'univers entier proclamer, défendre et propager ce glorieux privilége de la Mère de Jésus. [3]

Le chapitre s'occupa aussi de l'oeuvre importante des missions. Le Trois Compagnons disent que beaucoup de religieux avaient à se plaindre des mauvais traitements qu'ils avaient endurés en divers pays, notamment en Allemagne et en Hongrie, où ils ne pouvaient se soustraire que par la fuite aux insultes et aux supplices; car, ne pouvant produire aucune lettre authentique pour prouver l'approbation de leur Institut par le Saint-Siége, on les avait suspectés d'hérésie. « Lorsque le cardinal Ugolini apprit ces détails, disent les Trois Compagnons, il appela saint François, le conduisit auprès du Pape Honorius [4] successeur d'Innocent III, et fit solennellement confir-

1) Thomas de Célano, Vie I, p. III ch. XVII, S. Bonav. Leg. Maj. ch. IV.

2) Barthélemy de Pise et Wadding.

3) Au chapitre de Pise, 20 mai 1263, saint Bonaventure fit un décret en vertu duquel fut instituée dans l'Ordre *la fête* de l'Immaculée Conception de la B. V. Marie. (Oeuvres de S. Bonaventure, édition de Quaracchi, tome I, proleg., page LXIII, note 3).

4) Honorius III se trouvait alors à Viterbe.

mer par une Bulle, la nouvelle Règle composée par saint François et enseignée par le Christ. Dans cette règle fut prolongé le terme des chapitres, pour éviter la fatigue des Frères qui demeuraient dans des pays éloignés. » 1) Saint François écrivit de son côté trois lettres, 2) qu'il adressa l'une aux ecclésiastiques, l'autre aux magistrats et la troisième aux Frères-Mineurs. Le Cardinal Protecteur et d'autres cardinaux y joignirent des lettres de recommandation et l'on se hâta de faire un grand nombre de copies de la bulle du Pape et de ces lettres. Les Ministres furent tous maintenus dans leur charge, à l'exception de Bernard de Quintavalle, Ministre de la Province d'Espagne, qui fut remplacé par Jean Parent. On créa une nouvelle Province dans la Roumanie ou la Grèce avec Frère Luc comme Ministre. Personne ne fut envoyé en Allemagne; on se contenta d'assigner quelques missionnaires à la Hongrie. 3)

Saint François s'était réservé la Syrie et l'Egypte. Il ne tarda pas à partir avec le Frère Illuminé de Ricti 4) et le Frère Léonard d'As-

1) Chap. XVI Cette Règle est la pénultième en 23 chapitres, que par erreur Wadding a publié comme étant la première. La bulle est datée du 11 juin 1219. (Sbaraglia, Bullarium Franciscanum). — S. Antonin Chron. D'après les Trois Compagnons, saint François accorda en même temps à tous les Ministres la faculté de recevoir des postulants dans l'Ordre (ch. XVI).

2) Opuscula S. Francisci p. 1, ep. XVI — Wadding, an 1219.

3) Les Frères-Mineurs ne furent envoyés en Angleterre qu'en 1224. (Thomas Eccleston).

Saint Bonaventure Ch. VII.

sise. [1] Tandis qu'il se décidait à porter l'Evangile aux mahométans de l'Orient, il permettait à six de ses religieux d'aller l'annoncer aux mahométans de l'Occident. Frère Vital, Frère Bérard de Carbio très instruit dans la langue arabe, Frère Pierre et Frère Othon, prêtres, se rendirent au Maroc avec Adjute et Accurse, deux Frères laïques. Frère Vital fut retenu en Espagne par la maladie; mais les cinq autres arrivérent jusqu'au Maroc, où ils eurent le bonheur de recevoir la couronne du martyre, le 16 janvier 1220.

Bernard de Besse raconte qu'après un chapitre général, la Portioncule fut témoin du miracle de la multiplication des pains. Quoiqu'il ne dise pas après quel chapitre ce miracle eut lieu, nous croyons cependant pouvoir le raconter ici. Frère Monald et trente autres religieux s'arrêtèrent

1) Thomas de Célano Vie II, p. II ch. III.

Wadding rapporte d'après les historiographes du XIVe siècle que Frère Elie était Vicaire général durant le séjour de saint François en Orient et cherchait à introduire toutes sortes d'innovations au détriment de la pauvreté; mais aucun des historiens du XIIIe siècle ne dit que Frère Elie ait cessé d'être Ministre de la Toscane pour devenir Vicaire général en 1219 — Au contraire sainte Agnès, qui fut envoyée à Florence en 1219, fit prier saint François d'engager Frère Elie à la visiter plus souvent, pour l'aider de ses conseils dans l'administration du couvent. Rien non plus ne fait supposer que Frère Pierre de Catane ait été déposé ou se soit démis de sa charge et qu'il ait accompagné saint François en Orient. Les faits graves qui sont imputés à Elie n'ont été racontés en premier lieu qu'en 1305 par Ubertin de Casale, qui ne cite aucune autorité à l'appui, comme nous avons déjà eu l'occasion de le dire. Le témoignage suspect du Fr. Ubertin ne peut prévaloir contre celui de tous les historiens qui l'ont précédé.

encore quelque temps à Sainte-Marie-des-Anges après le chapitre. Un jour les religieux étaient dépourvus de provisions, lorsqu'ils allaient se mettre à table.

Le bienhereux François ne trouvait absolument que trois pains pour les trente et un religieux et les autres Frères de la Portioncule, Il bénit ces trois pains, les distribua aux Frères et lorsque tous furent rassasiés, il restait encore une corbeille de fragments.

CHAPITRE IX

Retour de saint François de l'Egypte. — Il veut se démettre du Généralat. — Un Frère désobéissant. — Un Frère original. — Mort de Pierre de Catane. — Miracles à son tombeau. — L'obéissance après la mort. — Un autre chapitre. — Le Frère Jourdain et les Allemands. — Saint Antoine de Padoue. — Etablissement du Tiers-Ordre. — Sainte Claire à la Portioncule. — Révélations. — La dernière Règle. — Les Frères Mineurs sont envoyés en Angleterre. — Saint François reçoit les sacrés Stigmates.

Saint François prêchait les croisés en Palestine et posait en Orient les fondements de son Ordre; mais il essayait en vain de gagner les Mahométans à la foi du Christ. Voyant qu'il ne pouvait ni convertir cette nation, ni conquérir la palme du martyre, il revint en Italie, [1] et débarqua à Venise en 1220. De là il se dirigea vers Assise, en s'arrêtant dans les principales villes qu'il rencontra sur sa route, semant partout, selon sa coutume, la parole divine, la pénitence et les miracles. Dès qu'il entra dans la vallée de Spolète ses Enfants vinrent en foule audevant de lui, pour le féliciter de son retour. A Bologne il avait été vivement affligé de voir quelques uns de ses Frères s'éloigner de la sainte pauvreté, en construisant un grandiose couvent. Mais à la Portioncule son coeur se dilata à la nouvelle que les Frères, envoyés au Maroc, avaient généreusement versé leur sang pour Jésus-Christ. « C'est maintenant, s'écria-t-il, que je puis m'assurer d'avoir eu cinq véritables Frères-Mineurs. » Le 17 mai suivant, [2] le saint Patriarche convoqua un nouveau chapitre, auquel furent spécialement invités les Frères des diverses Provinces de l'Italie. C'est dans ce chapitre, [3] que le saint remit le Généralat de l'Ordre entre les mains de Frère Pierre de Catane, qui était jusqu'alors son Vicaire. « *Peu d'années* après sa conversion, dit Thomas de Celano, il résigna la fonction de prélat de l'Ordre en présence de tous les Frères réunis en chapitre, afin de mieux pratiquer la sainte vertu

1) S. Bonaventure, Lég. Maj. ch. IX. C'est la seule raison qu'il allégue, pour motiver son retour en Europe.

2) Conformément à la prescription du chapitre XVIII de la Règle. — Wadding n'a aucun motif pour dire que ce chapitre a eu lieu à la S. Michel.

3) Barthélemy de Pise, Conform. — Wadding.

de l'humilité. Je suis désormais mort pour vous, leur dit-il ; mais voici Frère Pierre de Catane, auquel vous et moi nous obéirons tous. Aussitôt il s'inclina devant lui et lui promit obéissance et respect. Les Frères pleuraient tous et gémissaient hautement de se voir orphelins d'un tel Père. Le bienheureux François se leva et dit, les mains jointes et les yeux dirigés vers le ciel : Seigneur, je vous recommande la famille que jusqu'à présent il vous avait plu de me confier. Ne pouvant plus en avoir soin à cause des infirmités que vous connaissez, ô très-doux Seigneur, je la remets entre les mains des Ministres. Que ceux-ci soient tenus de vous rendre compte au jugement dernier, si un des Frères vient à se perdre par leur négligence, leur mauvais exemple ou leur trop grande rigueur. A partir de ce jour jusqu'à sa mort, saint François resta soumis au Supérieur et se montra plus humble que tout autre Frère. » 1)

Cependant les religieux ne voulaient pas consentir à ce que leur bien-aimé Père cessât d'être le chef de la famille et que l'un d'entre eux devint son supérieur. Pierre de Catane se contenta de recevoir le titre de Vicaire Général ; tandisque saint François continua jusqu'à la fin de sa vie d'être le Général de l'Ordre, comme cela est manifeste, entre autres, par la Règle qu'il écrivit trois ans plus tard et qui contient ces mots : « Frère François promet obéissance et révérence à notre saint Père le Pape Honorius et à ses suc-

1) Vie II, p. III, ch. LXXXI.

cesseurs canoniquement élus et à l'Eglise Romaine. Que les autres Frères soient tenus d'obéir au Frère François et à ses successeurs. » C'est également dans ce chapitre, [1] que le saint adressa une lettre aux Religieux de son Ordre et particulièrement aux prêtres, leur recommandant surtout d'avoir une profonde vénération pour le Corps et le Sang de Notre Seigneur dans la sainte Eucharistie.

Les premiers biographes racontent plusieurs faits qui se sont passés à la Portioncule vers cette époque. Nous en citerons quelques uns qui démontrent le don d'intuition du saint Patriarche. Un Frère ne voulait pas prêter obéissance au Vicaire et s'était choisi un autre religieux, auquel il obéissait comme à son maître. Le séraphique Père lui fit donner un avis à ce sujet par l'intermédiaire d'un de ses compagnons. Le Frère désobéissant se voyant découvert, se jeta aussitôt aux pieds du Vicaire et se soumit humblement à ses ordres. Saint François poussa alors un profond soupir et dit au compagnon qu'il avait chargé d'avertir le religieux désobéissant: « Mon Frère, j'ai vu sur le dos du Frère insoumis un démon, qui le serrait à la gorge; et ainsi, après avoir rejeté le frein de l'obéissance, ce pauvre Frère suivait les suggestions de l'ennemi qui l'avait vaincu: mais j'ai prié Dieu pour lui et aussitôt le malin esprit s'est mis en fuite. » Telle était la

1) Melassanus de Macro, Supp. à Wadding, d'après la chronologie de Mich. Angelo de Naples.

clairvoyance de ce saint homme, ajoute Frère Thomas de Célano ! Ses yeux malades étaient fermés aux choses terrestres ; mais ils étaient pleins de pénétration pour les choses spirituelles. [1])

Un autre Frère était en apparence d'une sainteté remarquable et d'une conduite exemplaire ; mais d'autre part il était très original. Sans cesse occupé à prier, il observait un silence si rigoureux, que même pour se confesser, il ne voulait manifester ses fautes que par des signes. Les paroles de l'Ecriture-Sainte excitaient en lui la plus grande ferveur et il manifestait une joie extraordinaire en les entendant prononcer. Que dire de plus ? — Tous les autres Frères le prenaient pour un véritable saint. François retournant un jour au couvent, vit ce Frère et entendit qu'on l'appelait *un saint*. Pendant que tous lui en faisaient l'éloge et proclamaient ses vertus, le bon Père leur répondit : « Cessez, mes Frères, de me vanter son diabolique artifice. Sachez qu'il n'y a là, d'une manière certaine, qu'une tentation du démon et une astucieuse déception. J'en suis convaincu et la preuve en est qu'il refuse de se confesser. » Les Frères, le Vicaire en particulier, furent peinés d'entendre parler ainsi contre ce religieux. « Comment est il possible, dit Pierre de Catane, que sous l'apparence d'une si haute perfection puisse se cacher une telle hypocrisie ? » Ordonnez-lui une ou deux fois, de se confesser, répondit le saint, et s'il ne veut pas le faire,

1) Thomas de Célano Vie II, p. II ch. IV.

vous saurez alors que ce que je dis est vrai. Le Vicaire alla trouver ce religieux et le prit à part. Après lui avoir parlé avec bonté et familiarité, il lui enjoignit de faire sa confession. Mais celui-ci refusa de la faire; se mettant le doigt sur la bouche et agitant la tête, il fit comprendre qu'il ne voulait pas obéir. Les Frères restèrent muets de stupéfaction et redoutèrent le scandale que le bienheureux Père leur avait prédit. En effet quelques jours après, ce religieux sortit de l'Ordre et rentra dans le siècle. Après s'être adonné à toutes sortes de vices, il mourut dans l'impénitence. L'expérience l'a souvent prouvé : les hommes qui aiment la singularité, s'élèvent parfois jusqu'au ciel, pour tomber ensuite dans un abîme. [1]

Frère Pierre de Catane ne demeura pas longtemps Vicaire Général ; il mourut le 10 mars de l'année 1221, comme nous l'avons dit. [2] Thomas de Célano dit que la conversion de Pierre de Catane fut digne de louanges, et qu'après avoir saintement commencé sa vie religieuse, il la finit plus saintement encore. [3] Dès qu'il fut au tombeau, Dieu fit éclater ses mérites par un grand nombre de miracles. On venait en foule à Sainte-Marie-des-Anges pour prier sur sa tombe et obtenir des faveurs célestes par son intercession ou pour être témoin des merveilles qui s'y opéraient. Mais ce concours de peuple troublait les Frères dans leur retraite et les empêchait de

1) Thomas de Célano, Vie II, p. II, ch. I.
2) Voir chapitre VII.
3) Vie I, p. I, ch. IX.

se livrer à l'oraison. Saint François était absent quand Frère Pierre rendit son âme à Dieu. Dès qu'il revint à Sainte-Marie, les Frères lui annoncèrent la perte douloureuse qu'ils venaient de subir; ils se plaignirent en même temps d'être sans cesse dérangés dans leurs prières par le grand nombre de visiteurs, que les miracles du Frère Pierre attiraient en ce lieu. François trouva leurs plaintes fort justes et, transporté d'un saint zèle, il vint près du tombeau de son Vicaire et avec un empire que Dieu seul pouvait lui donner il parla ainsi au défunt: « Frère Pierre, vous m'avez toujours obéi durant votre vie. Je désire que vous m'obéissiez encore après votre mort. A cause de vous, nous sommes continuellement troublés par les séculiers; je vous commande donc au nom de l'obéissance de cesser de faire des miracles. » A partir de cet instant, il ne se fit plus aucun miracle au tombeau du Frère Pierre. 1) Quelque temps après, Saint François fit relever son corps pour le rapprocher de la sainte chapelle. On le trouva retourné et à genoux, la tête inclinée vers la terre, dans la posture d'un homme qui se soumet à un ordre donné. 2) Deux mois après la mort de Frère Pierre, au chapitre qui eut lieu le 30 mai, Frère Elie jusqu'alors provincial de Toscane fut nommé Vicaire Général.

1) Speculum vitae, (Edition Spoelberch). — Wadding.

2) Wadding, qui cite un ancien manuscrit conservé au Vatican. Frère Pierre a le titre de *Bienheureux* dans les martyrologes franciscains.

Dans ce chapitre on s'occupa principalement des intérêts spirituels de l'Allemagne. Saint François n'avait encore envoyé personne dans ce pays depuis le chapitre de 1219 ; mais comme il avait maintenant plusieurs disciples, auxquels la langue allemande était familière, il jugea le moment venu d'y envoyer de nouveau des missionnaires. 1) Les infirmités l'empêchant de se faire entendre de l'assemblée, il s'assit aux pieds du Frère Elie et lui suggéra tout ce qu'il devait dire aux Frères.

Le Vicaire s'adressa à l'assemblée en ces termes: « Voici ce que vous fait savoir *le Frère* (c'est à dire, saint François qui ne voulait pas d'autre nom). Il y a un pays, c'est l'Allemagne, dont les habitants sont chrétiens ; ils passent par notre pays, comme vous le savez, à l'ardeur du soleil, avec de longs bâtons et de larges bottes, en chantant les louanges de Dieu et des Saints et vont visiter les lieux de pélérinage. J'ai une fois envoyé chez eux de nos Frères, qui sont revenus, après avoir été maltraités. C'est pourquoi je n'oblige personne à y aller ; mais si quelqu'un est assez animé du zèle de la gloire de Dieu et

1) Les Bollandistes disent que les Frères Mineurs ne retournèrent en Allemagne qu'en 1224 ; ils s'appuyent toujours sur le texte des Trois Compagnons, qu'ils ont mal interprété. Mais l'antique Chronique de Baudouin de Brunswick, généralement appelée chronique de Saxe, dit expressément qu'ils y revinrent en 1221. Virgile Greiderer (Germania Franciscana lib. I, ch. I, n. 23), dit qu'il existe encore des pièces authentiques, relatant les noms des Provinciaux, des actes capitulaires, des acceptations de maisons etc, de l'an 1221 à 1224.

du salut des âmes, pour entreprendre ce voyage sous l'inspiration divine, je lui promets les mêmes mérites d'obéissance, que s'il allait au delà des mers. S'il y en a donc parmi vous, qui ne redoutent pas les périls de cette mission, qu'ils se lèvent et se mettent tous d'un côté. Aussitôt quatre-vingt dix Frères se montrèrent prêts a partir pour cette mission, qu'ils regardaient comme une occasion de souffrir le martyre. On nomma Ministre provincial de l'Allemagne Frère Césaire de Spire, qui était déjà dans le monde un prédicateur de renom et qui devint dans l'Ordre un admirable émulateur de la vie évangelique. On lui permit de choisir parmi les quatre-vingt dix Frères ceux qu'il désirait prendre avec lui. Il se trouvait là un Frère nommé Jourdain, qui redoutait les Allemands d'une manière extraordinaire. Chaque jour il priait Dieu de ne pas permettre que, séduit par les artifices des hérétiques de la Lombardie, ou terrifié par la cruauté des Allemands, il vint à perdre la foi; et en conséquence il demandait la grâce d'être délivré des uns et des autres. Frère Césaire, le voyant debout, s'approcha de lui en disant: « Vous aussi, vous viendrez avec nous. » — « Non, répondit Frère Jourdain, je ne suis pas des vôtres et je ne me suis pas levé dans le désir d'aller avec vous; mais bien pour embrasser les Frères qui vont en Allemagne et qui certainement y seront martyrisés. » Frère Césaire cherchait à le déterminer, mais sans réussir. Le Vicaire usa alors de son autorité. « Je vous ordonne au nom de l'obéissance, lui dit-il, de vous décider si oui ou non vous voulez aller en Allemagne. » Cet ordre mit la conscience de Jourdain dans un grand embarras. D'une part, s'il n'allait pas en Allemagne, il craignait de suivre sa propre volonté et de perdre une belle couronne; d'autre part, il ne pouvait se résoudre à partir, terrifié par tout ce que lui représentait son imagination sur le caractère des Allemands.

Dans cette perplexité, il consulta un religieux, qui avait eu beaucoup à souffrir en Hongrie et avait été dépouillé de ces vêtements jusqu'à quinze fois. Celui-ci lui répondit: « Allez trouver le Frère Élie et dites-lui: Mon Frère, je ne veux ni aller en Allemagne, ni rester ici; mais je ferai tout ce que vous m'ordonnerez; vous verrez que vous serez délivré de l'embarras. » Jourdain suivit ce conseil et reçut l'ordre de se rendre en Allemagne avec le Frère Césaire. La Chronique de Saxe, d'où nous avons tiré ce récit, ajoute les paroles suivantes: « Ce Frère Jourdain, alors diacre, était de Giano de la vallée de Spolète. Nous savons d'une manière positive d'après d'anciens documents, que lui-même a raconté ces détails au chapitre provincial d'Halberstadt en Saxe, célébré du temps de saint Bonaventure, l'an du Seigneur 1263, le dimanche *Jubilate*. Il devint le plus fidèle compagnon de Césaire de Spire et son principal coadjuteur dans la propagation de l'Ordre en Allemagne. »

Frère Césaire se choisit vingt sept religieux parmi lesquels douze clercs et quinze laïques. Il s'arrêta encore près de trois mois à la Portioncule et se rendit en Allemagne où il reçut l'accueil le plus cordial. 1) A l'occasion de ce même chapitre saint Antoine de Padoue vint pour la première fois à Sainte-Marie-des-Anges. Antoine, dont le nom de baptême était Ferdinand, nacquit d'une noble famille de Lisbonne. Il était chanoine-régulier de S. Augustin au couvent de Sainte-Croix à Coïmbre, lorsqu'on amena dans cette ville les reliques des cinq Martyrs franciscains du Maroc. Il sentit aussitôt naître dans son coeur un ardent désir de mourir pour Jésus-Christ et entra dans l'Ordre des Frères-Mineurs, qu'il considérait comme une école du martyre. A peine reçu dans l'Ordre, il se rendit en Afrique dans le désir de verser son sang pour son divin Maître. Mais une grave maladie l'obligea de retourner sur ses pas et par suite d'une tempête il aborda en Sicile. Ayant appris qu'un chapitre général devait avoir lieu à la Portioncule, il s'y rendit avec le Frère Philippin de Castille, quoique sa santé fut encore faible et languissante. Durant le chapitre, il sut

1) Thomas de Célano était du nombre de ces religieux; il devint Vicaire provincial en Allemagne en 1222. Papini (Notizie sicure) dit que d'après la Chronique de la Province de Strasbourg, Thomas quitta l'Allemagne en 1223. L'opinion qui affirme qu'il assistait aux derniers moments de saint François, est donc bien fondée. Il assista d'une manière certaine à la canonisation du séraphique Père.

Thomas de Célano est l'auteur de la séquence *Sanctitatis nova signa* et du *Dies irae* (Sbaraglia Bull. Franc.). Le clergé de Célano faisait l'Office de ce saint religieux et exposait ses ossements à la vénération des fidèles, le lundi de Pâques (Regia Marisciana, p. II. liv. IV, ch. 8 et 15.) C'est pour cela qu'on lui donne généralement le nom de *Bienheureux*.

si bien cacher son mérite et se maintenir à l'écart, que tous les religieux avaient déjà reçu leur destination, et personne ne s'était encore occupé de lui. Frère Gratien, Ministre provincial de la Romagne et de la Lombardie, s'approcha par hasard de cet inconnu, et lui demanda s'il était prêtre. 1) Sur la réponse affirmative, il l'invita à l'accompagner dans sa Province et l'envoya à l'ermitage du Mont Saint-Paul près de Forlì. Cette lampe ardente ne devait pas rester longtemps cachée sous le boisseau. Un sermon qu'il devait prêcher par hasard manifesta bien vite qu'il deviendrait le *saint Paul* de l'Ordre séraphique. Saint François conçut une telle affection et une telle estime pour lui, qu'il l'appelait *son évêque.*

Cette même année, François institua l'Ordre de la Pénitence ou le Tiers-Ordre. Les gens du monde étaient si vivement touchés par les exemples et les prédications du saint, que beaucoup d'entre eux avaient pris la résolution d'embrasser la vie religieuse, pour faire pénitence et servir Dieu avec plus de fidélité et d'amour. Les hommes demandaient à se joindre à saint François et les femmes à sainte Claire. Ce mouvement se faisait surtout remarquer à Cannara près d'Assise et à Florence en Toscane. Mais l'homme de Dieu ne croyait pas devoir permet-

1) La Chronique des XXIV Généraux (fol. 4, col. 2) dit que saint Antoine était prêtre avant d'entrer dans l'Ordre des Frères Mineurs. Azzoguidi (note 30 à la Vie de S. Antoine) et Flaminius de Parme (Tome III, Couvent de Saint-Paul) prouvent la même chose.

tre à tant de personnes de quitter le monde pour s'enfermer dans le cloître. Il leur promit une Règle qui les ferait avancer dans la vertu et vivre de la vie réligieuse, sans quitter le siècle. Les premiers qui eurent le bonheur d'être reçus dans l'Ordre de la Pénitence furent Luchesio et sa femme Bonadonna de Poggibonsi en Toscane. François leur fit prendre un habit simple et modeste de couleur de cendre, avec une corde pour ceinture et leur prescrivit de vive voix un règlement de vie. Quelques mois après, il leur donna par écrit la Régle qu'il venait de composer pour les Frères et les Soeurs de la Pénitence. La substance de cette Règle est la pureté de la foi, l'exacte observance des commandements de Dieu et de l'Eglise et la pratique d'oeuvres de piété. Tout en offrant de puissants moyens de sanctification, elle ne contient rien qui ne puisse convenir à tous les états, à toutes les conditions et à tous les âges. Aussi à cause de sa profonde sagesse et de son extrême simplicité, elle est devenue bien vite une législation universelle et populaire. Elle fut approuvée de vive voix par Honorius III [1] et par Gregoire IX. [2] Nicolas IV, le premier Pape franciscain, l'approuva par une Bulle en 1289, après lui avoir fait subir quelques modifications à cause des circonstances des temps [3] et Léon XIII de nos jours a donné à cette Règle une nouvelle consécration.

1) Sbaraglia, Bull. franc. Honorius III n. XVI.
2) id., Gregorius IX n. XXXVIII.
3) Wadding.

Il est hors de doute que saint François ait médité l'établissement de son troisième Ordre dans la même chapelle où Dieu lui avait inspiré la fondation du premier et du deuxième Ordre. Lui-même se plaisait à le proclamer : « Dans la chapelle de la Portioncule Dieu a illuminé le coeur de ses Pauvres de la lumière de sa sagesse, et quiconque prie avec piété dans ce sanctuaire, y obtient tout ce qu'il demande. » Quoique saint François crut, dit Thomas de Célano, que sur toute la terre était établi le Royaume des cieux et que partout Dieu accorde des grâces à ses élus, il savait néanmoins par expérience que Sainte-Marie-des-Anges était un lieu de grâces plus abondantes. 1)

Sainte Claire souhaitait vivement de revoir la chapelle de Sainte-Marie-des-Anges où elle s'était consacrée à Dieu ; elle désirait en même temps prendre un repas avec son Père spirituel. Le saint lui en refusa la permission pendant quelque temps ; mais ses compagnons finirent par lui faire comprendre, qu'il traitait avec trop de rigueur une vierge que lui-même avait consacrée à Jésus-Christ. Le saint Patriarche consentit finalement à accorder à l'Abbesse de Saint-Damien la consolation qu'elle avait tant demandée. Elle vint donc un jour à la Portioncule, accompagnée de quelques unes de ses Filles et de quelques Frères, qui étaient allés à sa rencontre. Claire et ses compagnes prièrent d'abord dans la chapelle de

1) Thomas de Célano, Vie I, p. II, ch. VII.

la Reine des anges, qui leur rappelait de si heureux souvenirs. Les épouses du Christ prirent ensuite place à la table que saint François avait fait dresser près de la sainte chapelle. La première nourriture fut celle de l'âme. Le séraphique Père commença à parler de Dieu d'une manière si touchante et si sublime, que tous ceux qui l'écoutaient furent ravis en extase avec lui. Pendant ce temps, le couvent, la chapelle et la petite forêt parurent en feu aux habitants d'Assise et des environs. On accourut en toute hâte à la Portioncule, pour éteindre l'incendie. Mais, ô surprise, les gens accourus ne trouvent aucune trace de feu! Saisis d'étonnement, ils pénètrent dans l'intérieur du couvent et ils aperçoivent toute l'assemblée en extase. Ils comprirent alors que le feu qui avait paru à leurs regards n'était que l'image de celui qui brûlait dans ces saintes âmes. Le repas se termina sans que personne voulût manger, tant on était rempli de douceurs célestes. Claire retourna à son monastère avec ses compagnes, fort consolée d'avoir revu la Portioncule et ses heureux habitants. [1]

A cette même époque, saint François eut une vision ou plutôt une révélation que le Frère Léon, témoin auriculaire, communiqua par une lettre au bienhereux Conrad d'Offida. Dans sa retraite, à la Portioncule, François suppliait Dieu très sou-

1) Codex Vaticanus. En souvenir de ce miracle on avait érigé près du petit sanctuaire de la Reine des anges une chapelle dédiée au Saint-Esprit. Mais on fut obligé de la démolir, pour faire place à un des piliers de la coupole.

vent d'avoir pitié du genre humain ; car il savait que de grandes tribulations le menaçaient. Le Seigneur dit un jour à son serviteur : « Si tu veux que j'aie pitié du peuple chrétien, fais que ton Ordre se maintienne dans l'état dans lequel il a été établi ; parce que dans le monde entier tous les peuples m'abandonnent. Je te promets alors que par amour pour toi et pour ton Ordre, la société chrétienne échappera à ces malheurs.... Mais les peuples me provoqueront à une telle colère que je m'éleverai contre eux ; j'appellerai les démons et je leur donnerai toute la puissance qu'ils désireront. Ceux-ci mettront une telle inimitié entre le monde et tes Frères, qu'aucun d'eux ne pourra porter l'habit religieux, sinon dans les forêts. Mais lorsque le monde perdra l'amour de ton Ordre, il ne restera plus d'autre lumière, parce que j'ai suscité tes Frères pour être la lumière du monde. » Saint François dit alors : « De quoi vivront mes Frères dans les forêts? » Le Christ répondit : « Je les nourrirai comme j'ai nourri de manne les enfants d'Israël dans le désert, parce qu'ils seront bons et retourneront à l'état dans lequel ton Ordre a été fondé. [1]) François redoubla d'ardeur et de zèle pour consolider l'oeuvre qu'avec le secours de Dieu il avait commencée. Mais tout en cherchant à pénétrer de l'esprit évangélique ceux que Dieu avait confiés à ses soins, il ne négligeait pas de travailler au salut des âmes

1) Codex Vaticanus. L'auteur assure que le B. Conrad a lui-même raconté ce fait au couvent de Saint-Damien.

ou de s'occuper dans la retraite de sa propre sanctification. Cet homme angélique savait si bien ménager le temps qui lui était donné pour amasser des trésors de mérite, qu'il l'employait toujours ou à descendre au prochain par le ministère de la charité ou à s'élever à Dieu par la prière et la contemplation.

Il imitait en cela, dit saint Bonaventure, les anges, que Jacob vit en songe, et qui montaient et descendaient sans cesse le long de l'échelle mystérieuse, dont le pied était appuyé sur la terre et dont le sommet touchait le ciel.

Pendant qu'il se trouvait dans sa chère retraite de Sainte-Marie-des-Anges, François était un jour tout préoccupé de la Règle qu'il désirait faire approuver définitivement par le Pape. Le Seigneur se chargea de l'éclairer. Pendant le sommeil, il lui sembla avoir ramassé de terre de très-petites miettes de pain, qu'il devait distribuer à un grand nombre de disciples réunis autour de lui. Comme il hésitait de les distribuer, dans la crainte que de si petites miettes n'échapassent de ses mains, il entendit une voix du ciel lui dire: « François, fais une hostie de toutes ces miettes et distribue-la à tous ceux qui voudront en manger. Il le fit ainsi et tous ceux qui ne recevaient pas dévotement leur part, ou qui après l'avoir reçue la méprisaient, paraissaient couverts de lèpre. Le lendemain le saint raconta cette vision à ses compagnons, regrettant de ne pas en comprendre le mystère. Mais peu après, dans l'oraison, il entendit cette même voix venant du ciel : « François, lui dit-elle, les miettes de la nuit passée sont les paroles évangéliques, l'hostie est la Règle et la lèpre l'iniquité. [1]

Saint François comprit alors que sa Règle, composée des paroles de l'Evangile, devait être refondue, abrégée et mis en ordre. Il se rendit alors avec le Frère Léon et le Frère Bonizio sur le Mont-Colombe près de Rieti où il fit écrire une nouvelle Règle en douze chapitres, selon que l'Esprit de Dieu la lui dictait dans la prière. [2] Cette Règle, la dernière écrite par le saint fondateur, est en plusieurs points moins sévère que la précédente.

De retour à Sainte-Marie-des-Anges, il la confia à son Vicaire; mais peu de jours après, celui-ci déclara l'avoir perdue par incurie. [3] Saint François retourna au même lieu et la fit écrire une seconde fois. Cette nouvelle Règle fut ensuite confirmée par le Pape Honorius III, le 29 novembre 1223.

De Rome François se rendit à Grecio où il célébra avec grande solennité la fête de Noël et mérita de voir sa piété récompensée par l'apparition et les douces caresses de l'Enfant Jésus. Il revint à la Portioncule au printemps de l'année 1224. Dans le chapitre qui eut lieu à la Pentecôte suivante, saint François érigea en Province l'Angleterre, en y comprenant l'Ecosse et l'Irlande.

1) Thomas de Célano Vie II, p. III, ch. CXXXVI. — S. Bonaventure Lég. Maj. ch. IV.
2) S. Bonaventure, Lég. Maj. ch. IV.
3) Idem.

« L'an du Seigneur 1224, dit Thomas Eccleston, la huitième année du roi Henri, fils de Jean, la troisième férie après la fête de la Nativité de la Bienheureuse Vierge, qui en cette année eut lieu un dimanche, débarquèrent pour la première fois en Angleterre, près de Douvres, neuf Frères-Mineurs, savoir quatre clercs et cinq laïques. Les clercs sont : 1.° Frère Agnello de Pise, diacre, agé de trente ans environ ; dans le dernier chapitre saint François l'avait nommé Ministre Provincial de l'Angleterre. Il avait été Custode de Paris et s'était conduit avec une prudence telle, qu'il avait gagné l'estime et l'affection des Frères et des séculiers, à cause de sa grande sainteté.... [1]) La lettre d'obédience écrite par le séraphique Père, aussi simple que courte, était conçue en ces termes : « Moi, Frère François, j'ordonne à vous Frère Agnello de Pise, au nom de l'obéissance de vous rendre en Angleterre et d'y exercer la charge de Ministre. Adieu. Fr. François d'Assise. » [2])

Peu après ce chapitre, saint François partit avec son Vicaire, pour aller prêcher à Foligno. Mais là, Dieu révéla à Frère Elie que saint François n'avait plus que deux ans à vivre. [3]) A peine

1) De Adventu Fratrum Minorum in Angliam. Collat. I.

2) François de Sainte-Claire dit que de son temps l'original de cette lettre existait encore: Originale, meo ad huc tempore, in Episcopio Audomarensi servabatur, (Fragm. Prov. Anglica, 1651). En 1256 l'Angleterre comptait déjà quarante neuf couvents, occupés par deux mille deux cent quarante deux Frères-Mineurs. (Th. Eccleston).

3) Thomas de Celano, Vie 1, p. II, ch. VIII.

eut-il appris cette nouvelle, le séraphique Père retourna à sa chère Portioncule et y prit quatre de ses plus intimes disciples, Frère Massé, Frère Ruffin, Frère Ange et Frère Léon, pour se rendre avec eux à l'Alverne. Arrivé sur la hauteur solitaire de cette montagne merveilleuse, il se livra à une oraison continuelle, accompagnée de ravissements et de révélations. Vers la Fête de l'Exaltation de la sainte Croix, le Sauveur Crucifié, apparaissant sous la forme d'un séraphin à six ailes, imprimait les glorieux stigmates de sa Passion sur le corps du Séraphin d'Assise.

CHAPITRE X

Les dernières années de saint François. — Son retour à la Portioncule. — Ses infirmités. — Frère Bernard de Quintavalle. — Dernière bénédiction à la ville d'Assise. — Dame Jacoba de Settesoli. — Assurance du ciel. — Cantique du soleil et de la mort. — Le persil. — Son Testament. — Son dernier habit reçu en aumône. — Dernières bénédictions. — Recommandation de la Portioncule. — La lecture de la Passion. — Il meurt. — Son âme. — Les alouettes. — Son coeur est enterré à la Portioncule. — Les obsèques. — Lettre du Frère Elie.

Deux ans s'écoulèrent depuis cet éclatant prodige jusqu'à la mort du serviteur de Dieu, année d'ardeurs séraphiques et de douleurs poignantes. Il n'y avait presque pas un endroit dans tout son corps, dit saint Bonaventure, où il ne souffrît de violentes douleurs. La chair à laquelle pendant dix-huit ans il n'avait jamais accordé ni trève ni repos était tellement consumée qu'il ne restait que les os et la peau. Outre les souffrances causées par les stigmates, il souffrait encore de l'estomac, du foie, de la rate, des nerfs et vomissait fréquemment du sang. [1] Ce n'était pas encore assez. Dieu dans sa miséricorde, comme le saint le disait lui-même, y joignit une grave maladie des yeux qui lui fit perdre la vue. Mais saint François n'appelait toutes ces souffrances que du doux nom de soeurs, et en rendait tant d'actions de grâces à Dieu, que les assistants admiraient en lui un nouveau Job, dont la patience se soutint au milieu des plus grandes afflictions, ou un second Paul, qui se glorifiait de ses souffrances et de ses infirmités. [2]

Le bienheureux Père retourna à Sainte-Marie-des-Anges ; mais sa soif du salut des âmes ne lui permettait pas de s'y reposer. « François, crucifié avec Jésus-Christ en esprit et en verité, dit saint Bonaventure, non seulement brûlait pour Dieu d'un amour de séraphin, mais il participait encore à la soif du salut des âmes, que le Fils de Dieu ressentit sur la croix. Ne pouvant plus parcourir les villes et les bourgades, à cause de la grosseur des clous qu'il avait aux pieds, il s'y faisait conduire tout languissant, sur une humble monture et animait tout le monde à porter la croix

1) Jean Kant, Poëme.
2) Saint Bonaventure — Légende Mineure n.° 55. — Thomas de Célano Vita II, p. III, ch. CXXXVII.

du Sauveur. A ses Frères il disait : Commençons à servir le Seigneur notre Dieu ; car jusqu'à présent nous n'avons fait que peu de progrès. 1)

Bien qu'il fut accablé de douleurs et de fatigues, il refusait tout soulagement; l'Evangile, disait-il, lui indiquait clairement qu'il devait souffrir avec Jésus-Christ, pour être plus intimement uni à lui. Mais le Frère Elie, qu'il avait choisi pour lui servir de mère et qu'il avait donné à ses Enfants pour leur servir de père, le supplia de ne pas refuser les médecines, mais de les prendre au nom du Fils de Dieu qui les a créées ; et il lui cita ce texte de l'Ecriture-Sainte : Le Très-Haut a créé la médecine, et l'homme prudent ne l'aura pas en horreur. François se soumit alors humblement à la volonté de son Vicaire. 2)

On le transporta ensuite dans une habitation située près du couvent de Saint-Damien, où il resta quarante jours. Lorsque ses maux furent un peu adoucis, on le ramena selon son désir à Sainte-Marie-des-Anges où il fut languissant et malade durant toute l'année 1225. En y arrivant, il désira avoir un colloque avec son premier né, Bernard de Quintavalle, qui se trouvait alors en oraison dans le bosquet. Saint François appela son disciple jusqu' à trois fois par ces touchantes paroles : « Frère Bernard, venez parler à ce pauvre aveugle. » Bernard, tout absorbé en Dieu, ne répondit pas. Le saint en fut ému et contristé ; il ordonna au

1) Saint Bonaventure, Lég. Maj. ch. XIV.
2) Thomas de Celano, Vie I, p. II, ch. IV.

religieux son guide de se retirer et voulut savoir dans là prière ce qui portait Bernard à le négliger de la sorte. Une voix du ciel lui fit entendre ces paroles : « Petit homme, de quoi te troubles-tu! Faut-il abandonner le Créateur pour la créature? Le Frère Bernard s'entretenait avec moi, quand tu l'as appelé. C'est moi qui l'ai retenu, tant pour sa propre consolation, que pour t'apprendre que Dieu ne laisse pas toujours les hommes spirituels maîtres d'eux-mêmes et en état d'obéir aux autres hommes ; il y a bien des choses qu'on ne doit point condamner en eux, et il ne faut pas mesurer leurs actions suivant les règles ordinaires. » François tout tremblant rappela son guide, et le tenant par la main, traversa le bois pour chercher Bernard. Lorsqu'il l'eut trouvé, il se jeta humblement à ses pieds, lui demanda pardon de la faute qu'il avait commise en le jugeant témérairement, et se couchant sur le dos il lui dit: « Je vous commande de me fouler aux pieds trois fois et de me mettre le pied sur la bouche. » Frère Bernard se mit à verser des larmes, et fit toutes les résistances possibles; mais comme son maître insistait, il exécuta ce qu'on lui commandait. 1) C'est ainsi que saint François réparait les plus petites fautes qui lui échappaient.

Vers l'automne, Frère Elie décida son bien-aimé Père à se rendre à Rieti, où se trouvaient des médecins renommés. Ceux-ci jugérent nécessaire de lui brûler les tempes, depuis l'oreille jusqu'aux

1) Wadding (1224).

sourcils, avec un fer rougi au feu, pour guérir la maladie de ses yeux. Le saint ne ressentit aucune douleur de l'opération, comme il le dit lui-même, et se trouva un peu soulagé. Il profita de ce répit pour se rendre dans les provinces voisines et gagner des âmes à Dieu. Ensuite il revint à Assise et fut logé dans les palais de l'évêque jusqu'au printemps de l'année suivante. Mais les Enfants du saint Patriarche, et en particulier Frère Elie son Vicaire, voyant ses infirmités augmenter de jour en jour, le prièrent de se laisser conduire à Sienne, où le changement d'air et l'habileté des médecins pourraient lui procurer quelque soulagement. Saint François céda à leurs instances ; mais là encore, ses maladies ne firent qu'empirer ; on craignit même pour sa vie. Frère Elie vint en toute hâte à Sienne et le fit transporter à Celles près de Cortone. Mais au bout de quelques jours, François demanda à être conduit à Assise. Son retour causa une joie immense aux habitants de la ville, qui craignaient d'être privés de sa précieuse dépouille, s'il mourait ailleurs. On alla en foule au devant de lui, et l'évêque le fit porter de nouveau dans son palais. Mais les soins qu'on lui prodiguait n'entravaient pas les progrès de la maladie. Le médecin l'avertit enfin que sa mort approchait. Son visage alors devint radieux ; il fit approcher ses Enfants et bénit chacun d'eux comme le patriarche Jacob, donnant une bénédiction spéciale à son Vicaire.

Puis, son coeur l'attirant vers son sanctuaire de prédilection, il demanda à être transporté à

Sainte-Marie-des-Anges qui après avoir été le berceau de son Ordre, devait être aussi le lieu de sa mort. « Le bienheureux Père, dit saint Bonaventure, voulut rendre le dernier soufle de la vie mortelle au lieu même où il avait reçu le souffle divin de la vie de la grâce. »

Quand le cortége fut arrivé dans la plaine à l'endroit même où se trouvait l'hôpital des lépreux, 1) il fit tourner vers la ville le brancard sur lequel il était porté par ses Frères. Se soulevant sur sa couche de douleur, et fondant en larmes, il pria pour Assise sa ville natale, et la bénit une dernière fois par ces prophétiques paroles: « Sois bénie du Seigneur, ville fidèle à Dieu, parce que beaucoup d'âmes seront sauvées en toi. Les serviteurs du Très-Haut habiteront en grand nombre dans ton enceinte, et beaucoup de tes enfants seront choisis pour la vie éternelle. » 2) Parvenu à Sainte-Marie-des-Anges, le saint Patriarche ne se fit pas conduire dans la cellule qu'il occupait habituellement; il choisit la cellule de l'infirmerie, qui touchait presqu'à la chapelle de la Portioncule; là il fit avec une douce sérénité ses derniers préparatifs au suprême voyage. Avant de quitter Assise, il avait écrit à sainte Claire et à ses Filles pour leur faire ses adieux. A la Portioncule il se souvint de cette autre chrétienne, Jacoba de Settesoli qui lui avait

1) Sur la maison qui se trouve à l'emplacement de l'hôpital des lépreux entre la Portioncule et Assise, on voit encore un fresque qui représente saint François bénissant sa ville natale.

2) Barthélemy de Pise, Conform. 6.

donné l'hospitalité à Rome et il exprima son désir de la voir avant de mourir. Voici comment le secrétaire de saint Bonaventure raconte ce fait: « Dame Jacoba de Settesoli, illustre parmi les matrones romaines et très dévouée à l'homme de Dieu, vint le visiter fort à propos avec un grand cortége, comme cela convenait à une dame de son rang. Elle pourvut à tous les frais des solennelles funérailles. Le saint voulait encore voir avant sa mort celle qu'il avait gagnée à Jésus-Christ et qu'il appelait à cause des ses mâles vertus; *Frère Jacoba.* Il avait déjà ordonné d'aller la chercher. Mais lorsque le messager fut sur le point de partir, on entendit à la porte du couvent un bruit de chevaux; c'était le cortége de la pieuse Jacoba qui, avertie par la Providence, venait visiter son bienheureux Père. Le saint reconnut alors qu'elle avait été envoyée par le Seigneur, et en éprouva une grande consolation. Jacoba voyant le calme et la sérénité peintes sur le visage de François, pensa qu'il vivrait encore assez longtemps; c'est pourquoi elle voulut renvoyer une partie de sa suite, pour attendre la mort du saint avec un petit nombre de serviteurs. Mais le bienheureux l'en empêcha en disant: « Je m'en irai samedi, vous pourrez alors repartir avec tout votre cortége. » 1)

Les souffrances de saint François augmentaient sans cesse; mais sa patience était toujours supé-

1) Bernard de Besse, Manusc. de Turin, fol 113. Quelques historiens ont altéré ce fait jusqu'à le rendre invraisemblable.

rieure à ses tourments. « Je crois, dit Thomas de Célano, qu'un des principaux motifs pour lesquels Dieu l'affligeait tant, était la récompense qu'il attache aux souffrances supportées avec patience et résignation.

Une nuit, le saint fut tourmenté plus que de coutume par les douleurs et les ennuis de ses infirmités ; il commença à avoir compassion de lui-même dans l'intimité de son coeur. Mais ne voulant pas que l'esprit se soumit même un instant à la chair, il adressa aussitôt une prière au Christ, et tint haut le bouclier de la patience. Pendant qu'il priait au milieu de ce combat, il obtint de Dieu la promesse de la vie éternelle par la parabole suivante : Si tout le globe de la terre et tous les astres du firmament étaient en or pur, et si pour prix des peines que tu endures, on t'offrait un trésor d'une si grande gloire, que le premier ne serait rien en comparaison, et ne mériterait même pas d'être mentionné, ne supporterais-tu pas avec joie et courage ce que tu as à souffrir ? — Certainement, je le ferais, plein de joie, répondit le saint. « Réjouis-toi donc, lui dit le Seigneur, parce que ta maladie est le gage de mon royaume, et pour prix de ta pénitence, attends avec confiance et certitude l'héritage du royaume céleste.

Or je vous demande, continue le biographe, de quelle joie cette heureuse promesse n'inondait-elle pas le coeur de cet heureux mortel ! Qui peut dire avec quel amour il embrassa ses souffrances corporelles ! Lui seul put le savoir ; mais il lui fut impossible de le manifester. Cependant il en communiqua quelque chose à ses compagnons. Il composa alors un cantique sur les créatures, pour les inviter toutes à louer le Créateur.» 1) Ce chant est communément appelé *le cantique du soleil et de la mort.* 2) Saint François invite spécialement son frère le soleil à louer le Seigneur et souhaite la bienvenue à sa soeur la mort, qu'il attend comme une libératrice. Nous reproduisons ici ce cantique tel qu'il a été traduit par un grâcieux poète français.

« Grand Dieu, Père et Seigneur des hommes et des anges,
Souveraine puissance et suprême bonté,
A vous seul, ô mon Dieu, la gloire et les louanges,
Pendant toute l'éternité.

« Loué soit mon Seigneur pour le soleil mon frère,
Qui dissipe la nuit et nous donne le jour.
Sa splendeur est céleste et sa pure lumière
Est un reflet du saint amour.

« Soyez loué, mon Dieu, pour nos soeurs les étoiles
Et pour la lune aussi, leur reine et notre soeur,
Qui de la nuit obscure illuminent les voiles,
Pleines d'éclat et de douceur.

« Soyez loué Seigneur pour le vent notre frère,
Pour le nuage sombre et la sérénité;
Par leur succession vous donnez à la terre
La vie et la fécondité.

1) Thomas de Célano, Vie II, p. III, ch. CXXXVIII.

2) Saint François a composé ce cantique dans la langue italienne alors naissante. Bien souvent lorsque l'amour débordait de son coeur, il parcourait les campagnes avec le Frère Pacifique *le roi des vers*, appelait les oiseaux, les fleurs, les étoiles du ciel ses frères et ses soeurs, et les invitait à se joindre à lui pour bénir le Créateur. Il a le premier ouvert la voie à la poésie italienne. Comme il y a deux versions différentes de ce cantique il est possible que saint François l'ait déjà composé auparavant, au moins jusqu'aux strophes adressées à la mort.

« Soyez loué mon Dieu, pour votre créature
Notre soeur l'eau, charmante en sa limpidité,
Qui lave et fertilise, et dont la beauté pure
Symbolise la chasteté.

Loué soit le Seigneur, pour le feu notre frère,
Qu'il réveille la vie où qu'il porte la mort.
De lui vient la chaleur, de lui vient la lumière :
Il est pur, rayonnant et fort.

« Loué soit le Seigneur pour notre vieille mère
La terre, qui produit les fruits et les fleurs,
Qui nous porte et nous berce, et de qui la poussière
Se féconde par nos sueurs.

« Soyez béni, mon Dieu, pour celui qui pardonne
Et souffre les affronts d'un coeur tranquille et doux.
Heureux qui vit en paix sans offenser personne ;
Il sera couronné par vous.

« Soyez béni, mon Dieu, pour notre soeur terrible
La mort, que nul vivant ne peut fuir ici-bas.
Le méchant tremble et meurt ; mais le chrétien paisible
S'endort souriant dans vos bras.

« Louez, louez le Dieu des hommes et des anges !
Exaltez sa puissance et chantez sa bonté ;
A lui seul les honneurs la gloire et les louanges
Pendant toute l'éternité. » 1)

Saint François recommanda à deux de ses Frères qu'il affectionnait beaucoup, Frère Léon et Frère Ange, de lui chanter son cantique du soleil à l'approche de sa mort, ou plutôt, suivant l'expression de Thomas de Célano, à l'approche de sa véritable vie. 2) En ses derniers jours il éprouvait surtout de violents maux d'estomac; depuis quelque temps déjà il ne pouvait plus supporter aucune nourriture. Un soir il pria le Frère cuisinier de lui porter un peu de persil. Le cuisinier

1) Poëme de S. François, par le marquis. A de Ségur, liv. V.
2) Thomas de Célano — Vie I, pars II, c. VIII.

lui répondit qu'on ne pourrait en trouver au jardin : « J'en ai cueilli si souvent, dit-il, que même en plein jour j'aurais de la peine à en trouver ; à plus forte raison ne pourrai-je en cueillir à présent au milieu des herbes durant cette nuit si sombre. » Le saint lui dit : « Allez-y toujours, mon Frère et ne vous inquiétez pas. Ramassez les premières herbes qui vous tomberont sous la main. » Le Frère se rendit au jardin, et ne pouvant rien voir à cause de l'obscurité, il prit au hasard les premières herbes qu'il rencontra et les apporta au bien-aimé Père. Les religieux, en examinant ces herbes sauvages, y trouvèrent du persil fort beau et fort tendre. Le saint en mangea un peu et s'en trouva réconforté. [1] Il leur dit alors : « Mes Frères, obéissez promptement aussitôt que vous avez reçu un Ordre et ne vous le faites pas dire une seconde fois ; n'alléguez jamais que ce que l'on vous commande est impossible ; car lors même que je vous commanderais quelque chose au dessus de vos force, l'obéissance est assez puissante pour le rendre possible au besoin. [2] Le saint Fondateur ne se contenta pas de donner à ses Frères jusqu'à la fin de si belles leçons, pour les affermir dans les voies de la perfection. Il jugea le moment venu de leur manifester et de leur laisser par écrit ses dernières dispositions qu'il appela son Testament. Ce Te-

1) Il n'est pas vraisemblable que le persil réconforte un malade ; mais le biographe raconte ce fait sans doute pour faire voir qu'il y a là un prodige.

2) Thomas de Célano Vie II, p. II, ch. XX.

stament spirituel, est la dernière effusion de son amour, les dernières volontés de son coeur paternel, qui recommande sur le lit de mort à tous ses Enfants les sublimes vertus qu'il leur avait enseignées par l'exemple et la parole durant sa vie. Après que le sant homme eut dicté ses suprêmes recommandations, il se dépouilla de ses vêtements et s'étendit sur la terre nue de la pauvre cellule, afin de montrer, sensiblement, dit Thomas de Célano, qu'il n'avait plus rien de commun avec le monde. Ainsi couché à terre, François éleva les yeux vers le ciel selon sa coutume, et couvrit de sa main gauche la plaie qu'il avait au côté droit, pour empêcher qu'on ne la vit. « Jai fait ce que j'avais à faire, dit-il alors, je prie Jésus-Christ de vous enseigner ce que vous devez faire. » Les Frères, le voyant dans cet état, fondirent en larmes, et poussèrent de profonds soupirs. Le Gardien, connaissant vraisemblablement par inspiration divine ce que le bien-aimé Père souhaitait, étouffa ses sanglots, et se hâta de chercher une tunique.... et un capuce et lui dit : Au nom de la sainte obéissance acceptez cette tunique,... et ce capuce que je vous prête et comme vous n'avez aucun droit à ces vêtements d'emprunt, je vous enlève toute faculté de les donner à n'importe qui. » Le Père fut ravi de joie de se voir jusq'au dernier moment fidèle à sa chère Dame Pauvreté. Il leva ensuite les mains vers le ciel, et rendit grâces au Christ, de ce que, dégagé de tout, il était prêt enfin à aller à lui. Pour se montrer en toutes choses parfait imitateur de son divin Maître, il témoigna à ses Enfants jusqu'à la fin cette charité qu'il leur avait témoignée dès le commencement. Il fit approcher tous les Frères qui étaient au couvent, et après leur avoir dit des paroles de consolation, il les exhorta à l'amour de Dieu avec une tendresse paternelle. Puis il les entretint sur la patience et l'observance de la pauvreté, plaçant toujours le saint Evangile avant toute autre pratique. Etendant la main droite sur les Frères qui étaient autour de lui, il la posa sur la tête de chacun d'eux, commençant par son Vicaire, et bénit en ceux qui étaient présents, tous les Frères dispersés dans le monde et tous ceux qui entreraient dans l'Ordre jusqu'à la fin des siècles. 1) « Adieu mes Enfants, ajouta-t-il, fortifiez vous dans la crainte du Seigneur et soyez y persévérants. La tentation et la tribulation approchent; heureux ceux qui demeureront fidèles dans leur sainte vocation. Pour moi je m'en vais à Dieu et vous confie à sa grâce. » 2) Pendant ce temps, les Frères versaient d'abondantes larmes et se montraient inconsolables. Le bienheureux Père se fit alors apporter du pain, le bénit, le rompit et en donna à chacun. Il se rappelait la sainte Cène que Jésus-Christ célébra avec ses disciples et il voulut ainsi imiter son divin Modèle et montrer en même temps la grande affection qu'il

1) Tous les détails des paragraphes précédents sont tirés de Thomas de Célano; S. Bonaventure a copié quelques fois mot à mot le premier biographe.

2) S. Bonaventure, Lég. Maj. ch. XIV.

portait à ses Frères.[1] Barthélemy de Pise ajoute qu'un des Frères garda un petit morceau de ce pain, et qu'après la mort de François plusieurs personnes furent délivrées de diverses maladies, en goûtant de ce pain sanctifié.[2]

Le second biographe, Jean de Cépranо, dit que saint François ordonna aussi à ses Frères d'avoir toujours une grande affection et un grand respect pour la Portioncule, parce que, suivant le saint Patriarche, ce lieu est spécialement propre à converser avec Dieu et à obtenir ses grâces, et parce qu'il était fréquemment visité par les esprits célestes. Thomas de Célano avait déjà rapporté, que saint François disait savoir par divine révélation que la Sainte-Vierge aime la chapelle de la Portioncule avec une affection spéciale, entre tous les sanctuaires dédiés en son honneur dans le monde entier. C'est principalement pour cela, ajouta-t-il, que le saint aimait ce lieu plus que tous les autres lieux de la terre. Mais lorsqu'il raconte que saint François désirait mourir à la Portioncule, il ajoute : Car lors même qu'il savait que sur toute la terre était établi le royaume de Dieu, et qu'il croyait que Dieu accordait partout des grâces à ses élus, il savait néanmoins par expérience que Sainte-Marie-des-Anges était un lieu de grâces plus abondantes et était fréquentée par les anges. Voilà pourquoi il disait souvent à ses Frères : Gardez-vous bien, mes Enfants,

1) Thomas de Célano, Vie II, p. III, ch. CXXXVIII.
2) Barthélemy de Pise, Livre III, des Conformités.

d'abandonner jamais ce lieu. Si l'on vous en chasse par une porte, rentrez-y par l'autre ; car ce lieu est vraiment saint. C'est la demeure de Dieu ! C'est ici que le Très-Haut nous a augmentés, lorsque nous n'étions qu'un petit nombre. C'est ici qu'il a illuminé le coeur de ses pauvres avec la lumière de sa sagesse. C'est ici qu'il a embrasé notre volonté du feu de son amour. Ici, quiconque priera avec piété obtiendra ce qu'il demandera ; mais quiconque y péchera, sera puni plus sévèrement. C'est pourquoi, mes Enfants, ayez une profonde vénération pour ce lieu qui est si digne d'être l'habitation de Dieu ; chantez-y toujours les gloires du Très-Haut, *voce exultationis et confessionis*, avec allégresse et humilité. [1]

Il tardait à François de quitter la terre ; après avoir chanté une seconde fois le cantique du soleil et de la mort, il se tourna vers le médecin et lui dit : « Eh bien ! mon frère médecin, dites-moi donc, quand viendra la mort pour m'ouvrir la porte de la vie ? » Puis s'adressant aux Frères il leur dit : « Lorsque vous me verrez réduit à l'extrémité, dépouillez-moi de ma tunique et couchez moi sur le sol comme vous m'avez vu il y à trois jours, et laissez moi dans cette position lorsque déjà je serai mort, durant le temps nécessaire pour parcourir la distance d'une mille. [2]

Le jour prédit arriva enfin ; la divine Providence allait récompenser le héroïsme de son fidèle

1) Thomas de Célano, Vie I, p. II, ch. VII.
2) id. Vie II, p. III, ch. CXXXIX.

serviteur. Un des Frères, auquel le saint portait une singulière affection, voyant que l'heure de la mort était proche, lui dit en sanglotant : « Ah bon Père, voici que vos Enfants vont être sans père et vont perdre la pupille de leurs yeux. Souvenez-vous des orphelins que vous abandonnez ; pardonnez-leur toutes leurs fautes et consolez encore une fois vos fils absents et présents par votre bénédiction. » Le saint lui répondit : « Voici que Dieu m'appelle à lui, mon Fils, je pardonne à tous nos Frères absents et présents toutes leurs offenses et toutes leurs fautes, et je les en absous autant que je puis. Vous, vous les bénirez en mon nom, en leur répétant ces paroles. »

Il se fit apporter le livre des Evangiles et demanda qu'on lui lût celui de saint Jean, à l'endroit où commence l'histoire de la Passion de Notre-Seigneur par ces mots : *Ante diem festum Paschae.* Avant d'avoir reçu cet ordre, le Vicaire s'était déjà proposé de lui lire cet Evangile, et à la première ouverture du livre, il tomba sur le passage désiré, Pendant la lecture de la Passion, on dépouilla le saint de ses vêtements et on le coucha sur le sol. Le séraphique Père demanda alors qu'on lui mit son cilice et qu'on couvrit de cendres son pauvre corps, qui allait être sous peu réduit en poussière. 1)

Les Frères se tenaient autour du bienheureux Père, en pleurant et sanglotant, tandis que, sui-

1) Thomas de Célano, Vie I, p. II, ch. VIII.

vant son désir, le Frère Léon et le Frère Ange chantaient son cantique du soleil et de la mort. Ensuite le saint commença à réciter de sa voix éteinte le psaume XLIX de David: *Voce mea ad Dominum clamavi,* j'ai élevé ma voix vers le Seigneur, je lui ai adressé mes voeux. Il continua jusqu'au dernier verset: *Me expectant justi,* les justes sont dans l'attente de la récompense que vous me donnerez. A ces paroles sa belle âme prit son essor vers le ciel, et son corps s'endormit dans le Seigneur.[1] C'était un samedi soir, le quatrième jour d'Octobre, l'an 1226.[2] Saint François avait alors quarante cinq ans; dix-huit ans s'étaient écoulés depuis la fondation de son Ordre dans ce même sanctuaire de la Portioncule.

Un Frère déjà célèbre, dit Thomas de Célano, et dont il me paraît convenable de taire le nom, (car aussi longtemps, qu'il vit ici-bas, il ne veut pas se glorifier d'avoir eu cette grâce) vit l'âme du bienheureux Père s'envoler au ciel, au-dessus d'une grande quantité d'eau. Elle avait l'aspect d'une étoile grande comme la lune et brillante comme le soleil et était portée par des nuages blancs comme la neige. Il m'est donc permis de m'écrier: Oh qu'il est glorieux le saint dont

1) Thomas de Célano, Vie I, p. II. ch. VIII. — S. Bonaventure, Lég. Maj. ch. XIV.

2) Le premier samedi d'Octobre 1226 était le 3e jour du mois. Mais saint François mourut après la coucher du soleil, c'est à dire après la 24e heure du jour naturel, suivant l'ancien comput italien; il est donc mort à la première heur du 4e jour d'Octobre.

l'âme a été vue par son disciple monter au ciel, belle comme la lune, choisie comme le soleil, toute resplendissante de lumière, et portée sur un blanc nuage! O vraie lumière du monde, qui brille dans l'Eglise du Christ avec plus de splendeur que le soleil. 1)

Au moment où il expira, un grand nombre d'alouettes, qu'il aimait et qu'il invitait si souvent à chanter avec lui les louanges du Seigneur, vinrent voltiger sur le toit de la cellule où reposait le corps du saint, et gazouillèrent joyeusement comme pour célébrer la gloire du nouvel élu. Le Frère Augustin Ministre Provincial dans la Terre du Labour vit l'âme de François monter au ciel sous la forme d'une étoile resplendissante. A Bénévent saint François apparut à Guido évêque d'Assise, son ami et protecteur, et lui dit: « Je quitte la terre et je m'en vais au ciel. » 2)

Cependant les religieux de la Portioncule pleuraient amèrement autour du corps de leur Père encore couché sur le sol; mais bientôt leur tristesse se changea en jubilation. Ils purent contempler à leur aise, dit Thomas de Célano, sur cette dépouille mortelle la forme de la croix et de la Passion de l'Agneau Immaculé, qui a effacé les péchés du monde; il semblait qu'il venait d'être déposé de la croix, avec les pieds et les

1) Thomas de Celano, Vie I, p. II, ch. VIII. — S. Bonaventure, Lég. Maj. ch. XIV.

2) S. Bonaventure, Lég. Maj. ch. XIV. — Thomas de Célano Vie I, p. II, ch. IX.

mains percés de clous et le côté droit comme transpercé par une lance.

Tous admirèrent ses chairs qui, autrefois basanées, étaient devenues d'une blancheur éclatante. Ils s'aperçurent enfin que sa figure revêtait l'empreinte d'une angélique beauté. Le saint semblait être vivant; tous ses membres étaient flexibles et tendres comme ceux d'un petit enfant. [1] On voyait dans ses mains et dans ses pieds des clous noirs comme du fer, merveilleusement formés de sa chair par une vertu divine, et tellement adhérents, que quand on les poussait d'un côté, ils avançaient de l'autre. La plaie au côté droit saignait encore; elle avait la largeur de trois doigts; sa couleur rouge et ses bords repliés en rond la faisaient paraître comme une très belle rose. [2] Ce spectacle si merveilleux adoucit la douleur des Frères, et malgré leur affliction, ils ne laissèrent pas d'avoir le coeur plein d'allégresse, lorsqu'ils baisèrent les marques du Crucifié.

Dès que la nouvelle de sa mort fut répandue, et qu'on entendit parler des sacrés stigmates, le peuple accourut en foule à la Portioncule, et tous, dit Thomas de Célano, furent admis à les voir et à les baiser. [3] L'un d'entre eux nommé Jérôme, chevalier renommé par sa science et sa bravoure, ne voulut pas ajouter foi à ce qu'on lui rap-

1) Thomas de Célano, Vie I, p. II, ch. IX.
2) idem. — S. Bonaventure Lég. Maj. XIV.
3) Thomas de Célano Vie I, p. II, ch. IX.

portait. Il vint donc à Sainte-Marie-des-Anges pour voir ce prodige et en la présence des Frères et d'une foule de personnes il examina attentivement les cinq plaies; il fit mouvoir les clous et s'assura si bien de la vérité, qu'il en fut depuis un témoin convaincu, et confirma la vérité de son témoignage, en prêtant serment sur l'Evangile. 1) Les Frères passèrent le reste de la nuit à chanter les louanges de Dieu, autour du corps de leur Père, tandis qu'une multitude de pieux fidèles priaient et chantaient dans la Chapelle de la Portioncule et aux alentours de la cellule mortuaire.

Avant d'expirer, dit Barthélemy de Pise, saint François avait manifesté le désir que son corps fût enterré sur la colline d'Enfer, près d'Assise, où l'on exécutait les criminels condamnés à mort. Quelque pénible et douloureux qu'il fut pour les religieux d'ensevelir le corps de leur bienheureux Père dans l'endroitt destiné à la sépulture des malfaiteurs, ils n'osèrent cependant désobéir à sa volonté.

Mais ils se rappelèrent un autre désir que le saint avait plusieurs fois exprimé durant sa vie. Les premiers biographes se plaisent à redire avec quel amour il aimait la Portioncule, avec quel ardent désir il voulut y être transporté, pour y rendre son âme à Dieu, et comment ses suprêmes exhortations recommandaient une grande vénération pour ce sanctuaire cher à son coeur. Tan-

1) Saint Bonaventure Lég. Maj. ch. XV.

dis qu'il demandait que son corps, toujours traité en ennemi, fut enterré sur la colline d'Enfer, il voulût aussi, dit Barthélémy de Pise, que son coeur fut déposé à sa chère Portioncule, afin qu'il fut manifeste à tous, que comme il avait aimé ce lieu durant sa vie, ainsi il l'aime encore après sa mort. [1] Les Frères détachèrent donc le coeur et les entrailles, lavèrent [2] et embaumèrent son corps avec les parfums que Jacoba de Settesoli avait apportés de Rome et le revêtirent de la tunique qu'elle avait eu soin de fournir. [3] Le coeur et les entrailles du bienheureux Père furent ensevelis dans la chapelle de la Portioncule, et lorsqu'après la canonisation du saint sa cellule mortuaire fut transformée en chapelle, ces précieuses reliques furent déposées à l'endroit même où il avait rendu le dernier soupir.

Le lendemain matin les habitants d'Assise et de toutes les autres villes et villages du pays se rassemblèrent avec le clergé à la Portioncule. On leva le saint corps et au son des cantiques et des trompettes, on le porta solennellement à Assise. Tous tenaient en main des rameaux d'oli-

1) Barthélemy de Pise, Lib. Conformit. L'auteur dit que les anciens Frères lui ont transmis ce fait, et il l'affirme en cinq endroits différents dans les termes les plus formels. Jacques des Oddi de Pérouse, Marien de Florence, Rodolphe Tossignano Conventuel et plusieurs autres historiens de l'Ordre disent la même chose. Voir la Dissertation.

2) Gonzague dit en 1582 que de son temps on conservait encore à la Portioncule le bassin qui a servi à laver le corps de saint François, ainsi que de son sang.

3) Marc de Lisbonne, Chronique.

vier ou d'autres arbres, et célébraient comme un triomphe ces obsèques sacrées à la lumiére de mille flambeaux. Les Fils portaient leur Père, et le troupeau suivait le Pasteur qui s'en était allé au Pasteur universel. Le convoi passa à l'église de Saint-Damien, où l'on s'arrêta pour permettre à sainte Claire et à ses Filles de voir et de baiser les sacrés Stigmates. Puis le cortége se remit en marche pour Assise, où le sainte corps fut déposé dans une chapelle attenante à Saint Georges, l'église paroissiale de saint François. 1) C'est là qu'il avait commencé à étudier dans son enfance, dit saint Bonaventure, c'est là qu'il avait fait sa première prédication et c'est là aussi que devait être son premier lit de repos. 2)

Après les funérailles, Frère Elie retourna à la Portioncule et s'empressa d'annoncer la mort du bien-aimé Père aux Frères-Mineurs répandus dans le monde entier. Cette lettre est la plus belle et la plus touchante des Oraisons funèbres, et mérite d'être rapportée en entier.

« Avant de commencer je soupire ; comme les eaux qui débordent, ainsi le gémissement de mon

1) Thomas de Célano, Vie I, p. II, ch. IX.

2) S. Bon. Leg. Maj. ch. XV.

C'est dans l'église de Saint-Georges que le cardinal Ugolini, alors Pape sous le nom de Grégoire IX procéda à la canonisation de saint François, le 17 mars 1227. Frère Elie s'empressa de préparer au séraphique Père un tombeau digne de lui sur la colline d'Enfer, en y faisant construire une magnifique église. En 1230 au mois de mai l'église inférieure était achevée. Le corps de saint François fut alors transporté en ce lieu avec grande solennité.

coeur. Hélas! ce que je redoutais est tombé sur moi, comme sur vous, et ce que j'appréhendais est arrivé jusqu'à moi et jusqu'à vous, parce que le consolateur est loin de nous; celui qui nous portait comme des agneaux dans ses bras est parti bien loin dans une région étrangère. Cher à Dieu et aux hommes, il a été reçu au séjour de la lumière, après avoir enseigné à Jacob la loi de vie et de science, et donné à Israël le testament de paix. Réjouissons-nous à cause de lui, et pleurons sur nous-mêmes; que les ténèbres environnent en son absence et que couvre l'ombre de la mort. La perte est pour tous, et le péril pour moi seul, délaissé comme je suis dans une profonde obscurité, pressé de mille soucis et accablé de douleurs sans nombre.

« C'est pourquoi je vous supplie, mes Frères, de partager ma douleur qui n'a point de mesure, comme je partage la vôtre, parce que vous êtes demeurés orphelins et privés de la lumière de vos yeux. Oui, en vérité, elle était une lumière, la présence de notre Père et Frère François, et pour nous ses amis et ses intimes, et pour ceux que leurs devoirs et leur profession éloignaient de nous. Il était la lumière envoyée par la Lumière véritable qui illumine les hommes assis dans les ténèbres de la mort, afin de diriger leurs pieds dans les voies de la paix. Comme le soleil au plus haut de sa course, il éclairait leurs coeurs et embrasait leurs volontés du feu de son amour, prêchant le royaume de Dieu, réunissant le coeur des pères à leurs enfants et ramenant les insensés à la prudence des justes : dans le monde entier, il a préparé au Seigneur une génération nouvelle. Au loin, dans les îles, son nom s'est répandu, et toutes les contrées ont admiré les merveilles de ses oeuvres.

« Ne vous attristez donc pas outre mesure, mes Fils et Frères, parce que Dieu, le Père des orphelins, versera sur nous ses saintes consolations. Et si vous pleurez, pleurez sur vous-mêmes, et non pas sur lui ; car au milieu de la vie, nous sommes dans la mort, tandis que lui a passé de la mort à la vie. Réjouissez-vous, puisque, avant de nous être enlevé, comme un autre Jacob, il a béni tous ses Enfants et leur a remis toutes les fautes qu'ils avaient pu commettre à son égard.

« Je vous annonce une grande joie et un prodige tout nouveau. Depuis le cours des siècles, il n'a jamais été vu, excepté dans le Fils de Dieu, qui est le Christ Notre-Seigneur. Longtemps avant sa mort, notre Frère et Père apparut crucifié, portant en son corps cinq plaies, véritables stigmates du Christ ; ses mains et ses pieds étaient percés de clous qui les traversaient de part en part ; les cicatrices se conservaient, et montraient la couleur noire des clous merveilleux. Son côté qui semblait ouvert par la lance, jetait souvent du sang. Tandis que son âme était encore unie à son corps, ce corps paraissait sans beauté ; son visage était défait ; tous ses membres, en proie aux plus cruelles douleurs, étaient raidis par la contraction des nerfs, comme serait un cadavre. Mais après sa mort, son aspect apparut d'une beauté ravissante, brillant d'une éclatante blancheur, et réjouissant tous les regards. Ses membres, raides auparavant, devinrent flexibles et se prêtèrent à toutes les positions comme le corps d'un tendre et délicat enfant. Bénissez donc publiquement, mes Frères, le Dieu du ciel et de la terre; louez-le de sa miséricorde : ayez en mémoire notre Père et Frère François, pour la louange et la gloire de Celui qui l'a exalté parmi les hommes, et glorifié devant les Anges. Priez pour lui, comme il nous l'a demandé, et priez le lui-même, afin que Dieu nous fasse participer avec lui à sa grâce. Amen.

Le quatre des nones d'octobre, jour de Dimanche, à la première heure de la nuit précédente, notre Frère et Père François est allé au Christ. Vous donc, mes très-chers Fréres, à qui cette lettre parviendra, suivant l'exemple du peuple d'Israël, qui pleura Moïse et Aaron, ses chefs illustres, donnez cours à vos larmes, puisque vous êtes privés des consolations d'un Père incomparable; c'est sans doute un devoir de piété filiale de se réjouir avec François; ce ne l'est pas moins de pleurer son départ; nous pouvons nous réjouir, puisque loin de mourir, il est passé aux fêtes célestes, emportant avec lui le trésor de ses mérites.

Mais notre affection pleure aussi François, parce que celui qui entrait et sortait comme Aaron, qui nous distribuait de son coeur les trésors anciens et les trésors nouveaux, et nous consolait en toutes nos tribulations, a été enlevé du milieu de nous, et voilà que nous sommes orphelins et sans Père.

Mais, comme il est écrit : « Le pauvre vous est abandonné, Seigneur ; c'est vous qui serez le protecteur de l'orphelin, » priez tous, mes très chers Frères, que de ce vase de terre, brisé dans la vallée des fils d'Adam, le souverain artisan daigne en tirer un autre aussi honorable, qui soit établi sur la multitude de notre famille, et comme un véritable Machabée, nous conduise au combat. Et puisque prier pour les morts est chose salutaire, priez pour son âme dans le Seigneur. Que chaque prêtre dise trois messes, chaque clerc le psautier, les Frères laïques cinq Pater; que les clercs fassent la vigile des morts en commun. Amen.

FRÈRE ELIE, *pêcheur*.

DEUXIÈME PARTIE

—

DESCRIPTION DES SANCTUAIRES

—

Il nous reste encore à décrire les vénérables sanctuaires et la majestueuse Basilique de Sainte-Marie-des-Anges, pour faire connaître au lecteur le tribut de gloire que les beaux-arts ont payé à la Portioncule. Ce sera en quelque sorte l'histoire de ces lieux bénis, depuis saint François jusq'à nos jours. Mais dans ce court aperçu, nous serons obligés de passer sous silence la plupart des faits glorieux de tant de saints religieux, qui ont vécu à l'ombre de ce sanctuaire et les faveurs célestes que les fidèles y ont obtenues par l'intercession de la Reine des Anges et de saint François.

CHAPITRE I

Les principaux Sanctuaires.

I
La chapelle de la Portioncule.

L'humble chapelle de la Portioncule ou la *santa cappella*, n'a point changée de forme depuis sa restauration par saint François. Mais dans la suite des temps, elle a été décorée de plusieurs peintures et sculptures. Elle forme un rectangle, ayant à l'extérieur une longueur de dix mètres, sur six de largeur. Les deux façades qui se terminent en pignon ont une hauteur de près de cinq mètres jusqu'à la naissance du toit et neuf jusqu'au faîte. Au sommet de la façade antérieure s'élève une gracieuse tourelle octogonale en marbre blanc et de style gothique, renfermant une statue de la sainte Vierge avec l'Enfant Jésus. Les fidèles ont fait ériger ce petit monument en souvenir de l'apparition de Marie et de son divin Fils le 2 août 1303. [1]

Audessus de la porte d'entrée on lit cette inscription, en caractères dorés et sculptés dans le marbre : *Haec est porta vitae aeternae.* Voici la porte de la vie éternelle. [2] Le bienheureux Ber-

1) Voir partie I, ch. VII.

2) Dans l'intérieur de la chapelle, un peintre du XVe siècle représenta saint François, annonçant l'Indulgence et tenant en main une tablette sur laquelle sont écrites ces mêmes paroles.

nardin de Feltre dit dans une de ses lettres, [1] que saint François lui-même a fait sculpter cette inscription, sans doute pour signifier que cette entrée est la porte du salut éternel pour tout pécheur qui après une bonne confession vient gagner l'Indulgence du Pardon. Dans la même lettre le bienheureux Bernardin parle de la necessité de faire retoucher cette inscription a fin que les pélerins puissent la lire. Depuis la plus haute antiquité, on voyait sur la façade antérieure une fresque représentant la concession de l'Indulgence. Le bienheureux Bernardin de Feltre la fait remonter au temps de saint François lui-même. Grimaldi assure au contraire qu'elle n'a été peinte qu'une dizaine d'années après la mort du saint Patriarche par Giunta de Pise. [2] Quoi qu'il en soit, suivant le témoignage de Vasari [3] cette fresque fut restaurée en 1492 par Niccolò de Foligno, élève du Pinturrichio. Mais l'oeuvre de Niccolò ne dura pas longtemps. [4] En 1639 Martelli d'Assise la remplaça par une nouvelle fresque, représentant toujours le même sujet. Cinquante ans plus tard, celle-ci fut à son tour retouchée par Providoni d'Assise.

En 1828 vint à la Portioncule un célèbre ar-

1) Cette lettre, datée de Milan, le 11 janvier 1492, se conservait dans les archives du couvent de la Portioncule. — O. Spader.

2) Grimaldi, Dissertazione.

3) Vasari, Vita del Pinturrichio.

4) Tiberio d'Assise, élève du Pérugin, a perpetué cette oeuvre en la représentant sur une de ses fresques dans la chapelle des Roses. (Voir plus loin, § III).

tiste, qui avec un de ses amis resuscita le sentiment religieux dans les beaux-arts et devint le fondateur de l'école chrétienne en Allemagne. C'était Frédéric Overbeck. Il demanda humblement la permission de peindre une nouvelle fresque sur la façade de la sainte chapelle, pour satisfaire sa dévotion envers saint François. Mais son offre ne put être acceptée sans difficulté; quelques critiques prétendaient que l'ancienne peinture avait une certaine valeur artistique. Pour décider cette question, le cardinal Galeffi, alors Protecteur de l'Ordre, chargea un professeur de l'académie romaine, Thomas Minardi, de lui faire un rapport sur le mérite de l'ancienne peinture. Le professeur se rendit à la Portioncule et répondit au cardinal que la fresque de la sainte chapelle n'avait point de valeur et ne méritait même pas de se trouver dans une si belle Basilique. « Le sujet conçu par Overbeck, un des plus grands artistes de notre époque, ajouta-t-il, est sous tous les rapports digne de ce sanctuaire, et ne pas profiter de cette offre, serait une perte qu'on pourrait difficilement réparer. » Overbeck put donc commencer son travail le 11 mai 1829 et le 12 décembre suivant la Portioncule fut enrichie d'une nouvelle oeuvre d'art qui excite l'admiration de tous les visiteurs, mais principalement de ceux qui savent apprécier le sentiment religieux des Pérugin et des Fra Angelico. Cette fresque représente l'intérieur de la sainte chapelle. Audessus de l'autel, sur fond d'or, est assis le Sauveur plein de majesté et de bonté; à sa gauche se trouve la sainte Vierge, intercédant pour François. Celui-ci à genoux sur le sol et les bras étendus en croix, demande pardon et miséricorde pour les pécheurs. A côté du saint se tiennent les deux anges qui, comme l'indique leur bourdon de pélerin, sont allés l'avertir dans le jardin des roses. De l'autre côté, il y a deux Frères ravis d'admiration à la vue de ce céleste spectacle. Le fond est occupé par un grand nombre d'anges qui chantent, avec accompagnement d'instruments de musique. Toute la fresque est encadrée d'une riche et élégante bordure de rinceaux entremêlés de diverses scènes du bon Pasteur, ou d'anges qui se réjouissent du retour de la brebis égarée. Cette oeuvre est pleine de grâce, de vie et de piété et tout est conforme à l'histoire, excepté les deux Frères, qui ont été temoins de cette merveille sans quitter leurs cellules.

Lorsqu'ensuite le pélerin pénètre dans l'interieur de la chapelle, une émotion difficile à décrire s'empare de son âme. Les murailles avec leurs blocs de granit brun, qui ont fini par acquérir le poli du marbre, le ramènent jusqu'au temps de saint Benoit. Dans les milliers d'ex-voto en or et en argent, il découvre autant de signes de reconnaissance des grâces signalées obtenues en ce lieu. Audessus de sa tête la voute est comme étoilée de lampes dorées continuellement entretenues par la piété des fidèles.

Ses yeux aperçoivent enfin l'autel de la Reine des anges ; c'est là que Jésus et Marie ont apparu fréquemment à leur serviteur François d'Assise ;

c'est là qu'ils lui ont accordé tant de faveurs, manifesté de si touchantes révélations et fait de si belles promesses. Tout respire dans ce sanctuaire le surnaturel, le mystérieux. Instinctivement le pélerin se jette à genoux, pour joindre sa prière à celle du séraphique Patriarche et de tant d'autres saints qui sont venus là-même offrir leurs hommages au Sauveur et à sa divine Mère.

Pendant longtemps l'autel fut surmonté d'une image représentant l'Assomption de la sainte Vierge. Mais au commencement du quatorzième siècle Puccio Cappana, élève de Giotto, peignit sur la muraille derrière l'autel, le Christ dans la gloire et Marie intercédant pour le peuple. [1]) Cette fresque fut bientôt noircie par la fumée. En 1393 on plaça audevant d'elle une Annonciation peinte sur bois par le prêtre Hilaire de Viterbe. C'est ce tableau qui est encore aujourd'hui vénérée dans la chapelle de la Portioncule. L'oeil intelligent voit dans l'architecture et la perspective de cette composition tous les défauts de l'époque; mais il découvre dans les figures une expression de piété rendue avec beaucoup de délicatesse. [2]) L'espace compris entre ce tableau et les parois de la chapelle est occupée par une autre peinture sur bois, qui semble encadrer la première. Elle représente diverses scènes de l'In-

1) Vasari, Vie de Giotto.

2) On a placé l'Annonciation sur l'autel de la sainte chapelle à la place de l'Assomption, parceque dans l'ancienne église l'Assomption, qui est la titulaire de la Basilique se trouvait sur le maître-autel. (Amadée de Solero, Glorie).

dulgence et des miracles opérés par la sainte Vierge. D'après Providoni, qui la recopia en 1679, cette peinture fut faite de l'an 1500 à 1550.

En sortant ensuite par la porte latérale a droite, on voit, presque toute la muraille de la sainte chapelle avec cette austère et simple nudité dans laquelle saint François l'a laissée. A peine aperçoit-on quelques restes d'anciennes fresques de l'école florentine. L'une d'elles servait de retable à un autel placé contre la chapelle, dans l'ancienne église. Elle représente la sainte Vierge, saint Bernardin de Sienne et un autre saint de l'Ordre franciscain. Audessous de cette fresque, vers la porte latérale, se trouve le tombeau du B. Pierre de Catane 1) qui après avoir été chanoine-clerc de la cathédrale d'Assise devint le second disciple de saint François. Son épitaphe remonte certainement au temps de saint François et contient ces simples paroles:

+ ANN. DNI. M. CC XXI. VI ID'MATII. CO P' FRIS. P. CATANII Q' H' REQ'ESCIT MIGV AD DNM AIA C' BNDI CAT DNS. AMEN	Lisez:	+ Anno Domini MCC XXI VI ID Martii Cor- pus Fratris P. Catanii, quod hic requiescit. Migravit ad Dominum anima, cui benedi- cat Dominus. Amen

Voici la traduction:

« L'an 1221, le 10 Mars, le corps de Frère Pierre de Catane fut déposé ici. Son âme s'envola vers le Seigneur. Que le Seigneur la bénisse.

1) Nous indiquons par la lettre *B.* ceux qui ont le titre de bienheureux dans les martyrologes franciscains, serais qui n'ont pas été beatifiés par l'Eglise.

Amen. » En tournant la chapelle du côté du maître autel, on se trouve en présence de la façade postérieure. Dès l'origine les Frères avaient construit un choeur derrière la chapelle de la Portioncule, [1] et ouvert ensuite une porte de communication entre la chapelle et le choeur; mais pour ne pas déplacer l'autel adossé contre le mur, ils avaient construit la petite abside qu'on voit encore aujourd'hui. Le choeur étant plus haut et plus large que la chapelle, offrit audessus de l'abside une large muraille, sur laquelle le Pérugin peignit un Calvaire, selon le désir du B. Barnabé Manassei de Terni. Vers l'an 1700, ce choeur fut démoli et on enleva toute la muraille qui dépassait la toiture, pour rendre à la chapelle sa forme primitive. De cette façon la partie supérieure de la fresque du Pérugin a été malheureusement détruite. Dans la partie qui reste encore, on voit la sainte Vierge s'évanouissant entre les bras des saintes Femmes, saint Jean, pleurant au pied de la Croix. Saint François à genoux embrasse la Croix du Sauveur et contemple ces mystérieuses douleurs qu'il avait ressenties lui-même dans son corps et dans son âme. Des soldats à cheval et des Pharisiens blasphèment et raillent le divin Sauveur. On voit aussi sur le premier plan un gracieux petit enfant. Toutes ces figures sont de grandeur naturelle.

1) Thomas de Célano dit que déjà en 1215 Frère Pierre de Catano avait fait faire une construction pour dire plus commodément l'office.

D'après une lettre du Frère Louis Ferri, directeur des travaux de la Basilique, Castelletti a retouché en 1830 deux têtes de soldats, saint François et certaines pièces de vêtements. Sur l'abside est représentée l'Annonciation ; à droite de la porte se trouve la sainte Vierge, à gauche l'Archange. Quoique cette peinture ait été retouchée par le même Castelletti, elle n'est pas entièrement dépourvue de prix. Le pignon est couronnée par une statue de saint François en marbre blanc; Graziani de Faenza la sculpta en 1828. A la naissance de la toiture se trouvent comme sur l'autre façade deux anges tenant des candelabres.

Le quatrième côté de la chapelle est encore tout entier tel qu'il fût laissé par saint François. On distingue aisément les endroits où le saint Patriarche a repris le travail de reconstruction. L'une des deux petites fenêtres qui éclairent la chapelle, a la voussure intérieure à plein ceintre, tandisque l'extérieur est grossièrement taillé en ogive à lancette, style de l' époque de saint François.

II
La chapelle de saint François.

A dix pas de la sainte chapelle, un peu vers le choeur, se trouve un autre sanctuaire, qui n'a guère plus de cinq mètres de longueur sur quatre de largeur, y compris les murs. Ce vénérable et précieux oratoire a été sanctifié d'une manière spéciale par le séraphique Patriarche. C'est la cellule de l'infirmerie dans laquelle notre bienheureux Père a passé les derniers moments de sa vie mortelle et c'est de cette cellule que cette âme séraphique s'envola vers les cieux. Aussitôt après la canonisation du saint Patriarche elle fut trasformée en chapelle, dédiée à saint François. Elle a subi quelques modifications, mais sans perdre la forme primitive; tous les murs sont encore les mêmes. A la place d'une petite fenêtre ouvrant sur la sainte chapelle, on a pratiqué une large porte, autant pour mieux éclairer l'intérieur que pour permettre aux fidèles d'assister au saint Sacrifice de la messe et aux autres fonctions religieuses. L'humble toiture a été remplacée par une voute. A gauche on voit encore l'antique porte de l'infirmerie; les planches, le loquet et les autres ferrures, sont les memes que du temps de saint François. On a du recouvrir toute la porte d'un treillis de fil de fer pour la préserver contre l'indiscrète dévotion des pélerins. En face de cette porte se trouve un placard de forme ogivale, qui servait à renfermer la vaiselle de l'infirmerie. Il s'y trouve aujourd'hui un beau reliquaire en marbre, dans lequel est religieusement conservée une des cordes que saint François a portée comme ceinture, la croix du bienheureux Antoine de Stronconio et des reliques de saint Bonaventure.

Audessus de l'autel, dans une niche, se trouve une statue de saint François en terre cuite émaillée de l'école della Robbia. Suivant l'opinion de quelques artistes elle est de Luca della Robbia

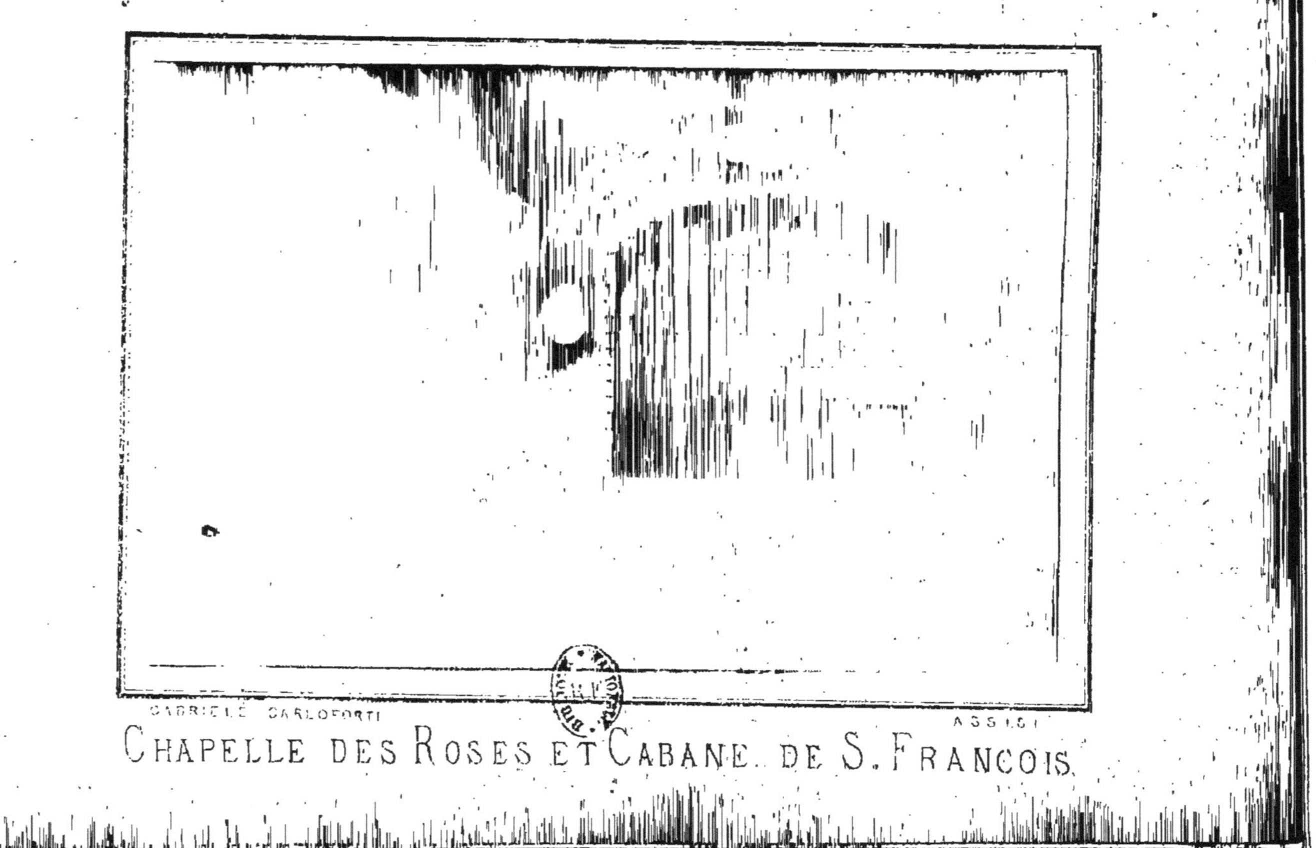

GABRIELE CARLOFORTI — ASSISI

CHAPELLE DES ROSES ET CABANE DE S. FRANCOIS

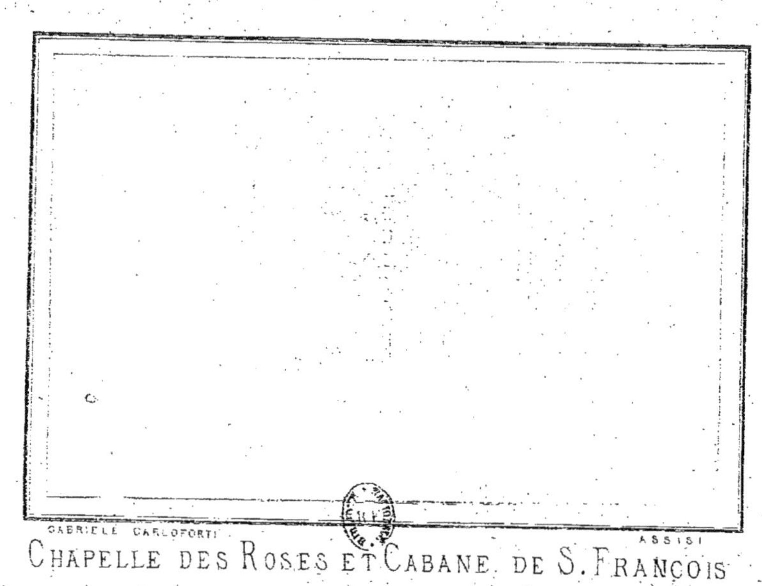

GABRIELE CARLOFORTI ASSISI

CHAPELLE DES ROSES ET CABANE DE S. FRANÇOIS

lui-même, ce qui est très probable. A chaque trait on découvre la main habile de ce grand maître et sa manière délicate de modeler. Suivant la tradition, Luca a fait cette statue d'après un masque qui a été modelé sur saint Francois, desuite après sa mort. En effet elle est conforme jusque dans les moïndres détail à la description que Thomas de Célano et Kant ont fait de saint François. 1) La figure est pleine de douceur et de piété. Les yeux larmoyants et l'expression de souffrance peinte sur le visage font croire que le séraphique Père sort d'une de ses méditations sur la Passion de son Amour crucifié, qui lui ont fait verser des torrents de larmes.

Tout l'intérieur de la chapelle est décoré de fresques, représentant quelques compagnons de saint François et d'autres saints de l'Ordre. Vasari, 2) Baldunicci et d'autres les attribuent à Jean surnommé *lo Spagna,* élève du Pérugin. En effet la vigueur du colori, le modelé harmonieux et le style péruginesque ne laissent pas de doute que l'auteur ne soit Spagna, qui a presqu'égalé son maître. En 1766 Séraphin Stampa et sa soeur

1) Voici le portrait de saint François d'après Thomas de Célano et Kant: Il était d'une taille un peu audessous de la moyenne. La tète était droite, ronde et peu volumineuse, et la face un peu ovale. Il avait les cheveux souples et noirs, le front petit et plat, les sourcils bas et en ligne droite, les tempes creuses, les oreilles petites et saillantes. Les yeux étaient noirs et petits, le nez droit et fin, les lèvres serrées, les joues amaigries, la barbe noire mais courte et peu fournie. Les épaules étaient droites, les bras courts et les mains petites mais les doigts longs et effilés.

2) Vasari, Vie du Pérugin.

Girolama nettoyèrent ces peintures et retouchèrent certaines parties dégradées. En commençant du côté de l'Evangile, à partir de la statue de saint François, on voit saint Bérard martyrisé au Maroc, saint Bonaventure cardinal, saint Antoine de Padoue avec des flammes en main, symbole de son zèle ardent pour la conversion des pécheurs, saint Adjute, martyrisé au Maroc, sa figure est pleine d'intelligence et de noblesse; saint Othon un autre martyr du Maroc, Frère Bernard de Quintavalle, le premier disciple de saint François, Frère Morico-le-Petit, sous les traits d'un enfant de quatorze ans, Frère Philippe-le-Long et Frère Junipère. De l'autre côté se voient saint Pierre, martyr du Maroc, saint Louis d'Anjou, évêque de Toulouse, saint Bernardin de Sienne avec le monogramme du saint Nom de Jésus, saint Accurse également martyrisé au Maroc, Frère Sylvestre le premier prêtre de l'Ordre, avec une figure pleine d'amabilité; Frère Ruffin, Frère Massèle contemplatif, Frère Léon, la petite brebis du bon Dieu et le bienheureux Egide. Tous ces personnages forment quatre tableaux encadrés par de gracieuses arabesques.

A la naissance de la voute sont écrites ces paroles de l'Apocalypse : *Vidi alterum Angelum ascendentem ab ortu solis, habentem signum Dei vivi.* J'ai vu un autre Ange montant de l'Orient et ayant le sceau du Dieu vivant. D'après une révélation divine faite à saint Bonaventure à la Portioncule, la vision prophétique de saint Jean se rapporte littéralement à saint François, portant dans son corps le sceau du Dieu vivant, c'est-à-dire les sacrées stigmates. [1] C'est pour celà que le Dante à conçu l'idée d'appeler Assise *un Orient* et les stigmates de saint François *le sceau* du Christ. Au bas de l'autel dans des niches en marbre sont deux petits anges de l'école de Canova.

Le plus riche trésor de cette chapelle est le coeur du séraphique Père, qui y fut enseveli par les compagnons du saint après sa mort. Le bienheureux François, disent d'anciens écrivains de l'Ordre, a voulu par humilité que son corps fut enterré sur la colline d'Enfer, lieu où l'on exécutait les criminels; mais il ordonna que son coeur fut enseveli à Sainte-Marie-des-Anges, pour montrer que comme il avait aimé la Portioncule pendant sa vie, ainsi il l'aimait encore après sa mort. [2] Aussi le pieux pélerin s'empresse de s'agenouiller dans cette chapelle pour vénérer ce coeur qui rivalisait avec celui des Séraphins par son amour pour Dieu et celui des Apôtres par son zèle pour le salut des âmes.

L'autel renferme en outre du sang et des cheveux du séraphique Patriarche et du drap de la tunique qu'il portait avant sa mort, des cheveux de sainte Claire et des reliques de plusieurs autres saints, comme l'indique un tableau placé à l'entrée de la chapelle en 1660.

1) Salvator Vitali Paradisus Ser. — Grimaldi Dissertazione. — Nicolas Tommaseo.

2) Voir à la fin la *Dissertation* sur le coeur de saint François.

Devant la porte se trouve le tombeau du B. Jean Bonavisi de Lucca et du B. Chérubin de Spoleto, tous les deux morts en odeur de sainteté. Ce dernier d'après ses biographes, a opéré plus de soixante dix mille conversions par ses prédications apostoliques.

Au dessus de la porte on lit l'inscription suivante en italien : « Notre séraphique Père saint François est mort en ce lieu l'an 1226 le 4 Octobre un samedi. Son coeur et ses viscères se conservent sous ce saint autel, privilégié quotidiennement et à perpétuité comme celui de saint Grégoire à Rome.

III
La chapelle des Roses.

En sortant de la Basilique, par la porte qui conduit à la sacristie, on arrive par plusieurs détours à la chapelle des Roses. On rencontre d'abord *lo spineto,* ou le jardin des Rosiers miraculeux de saint François. Comme nous l'avons déjà dit, le saint Patriarche, tenté par le démon qui lui reprochait de faire trop de pénitence, se dépouilla de ses vêtements et alla se rouler dans des buissons d'épines jusqu'à ce que son corps fut ensanglanté. « Il vaut mieux pour moi, disait-il, goûter la Passion de mon Sauveur que de suivre les conseils de mon ennemi. » Ces épines se transformèrent aussitôt en rosiers tout couverts de roses rouges et blanches. Autour de saint François parut une lumière céleste et des anges vinrent lui annoncer que Jésus et Marie l'attendaient dans la sainte chapelle. Ce miracle arriva au mois de janvier, de l'année 1217. Depuis bientôt sept siècles ces rosiers repoussent toujours et, ce qui est remarquable, ils ne produisent jamais d'épines et ont la plus-part des feuilles marquées de taches rougeâtres semblables à des taches de sang. On a souvent essayé de tramplanter de ces rosiers dans un autre terrain ; mais, ou bien ils périssent où bien repoussent avec des épines et les feuilles ne sont pas couvertes de taches. Déjà en 1734, Grouwells mentionna ce fait dans son Histoire critique de l'Indulgence. Certains esprits qui prétendent tout expliquer diront peut-être que ces rosiers sans épines sont produits par la nature du terrain. Nous leur demanderons alors pourquoi le même terrain avant saint François ne produisait que des épines, d'après le témoignage de tous les historiens? Et s'ils ne peuvent nous répondre, nous continuerons à admirer et à louer la divine Providence qui voulut merveilleusement récompenser l'amour héroïque de son serviteur et nous laisser un témoignage séculaire et persévérant de cette merveille.

Près de ce petit jardin se trouve la chapelle des Roses, un des précieux sanctuaires de la Portioncule, tout embaumé des souvenirs du séraphique Père. Ce qui attire surtout l'attention du pélerin est une espèce de crypte qui n'a guère plus de trois mètres de côté. C'est la cellule de saint François, sorte de cabane où le Pauvre d'Assise se retirait pour se livrer á la prière et jouir des visions célestes. C'est là que se présentèrent la première fois les anges, pour lui annoncer que le divin Sauveur et sa Mère l'attendaient dans la chapelle de la Portioncule. C'est là aussi que le serviteur de Dieu livrait son corps aux effrayantes macérations dont nous avons parlé. Cette cellule est donc comme imprégnée du sang de notre bienheureux Père. Elle est devenue aussi le tombeau de plusieurs saint religieux de l'Ordre. Durant la construction de la Basilique actuelle, on y enseveli les corps des religieux enterrés près de la sainte chapelle. Parmi eux citons trois des douze premiers compagnons du-saint : le B. Jean de Saint-Constance, le B. Barbaro et le B. Bernard Vigilante, ainsique le B. Jean surnommé le Saint, le B. Jacques de Laude etc. On y conserve aussi deux poutres qui proviennent de la chaire ou de l'estrade sur laquelle saint François a publié l'Indulgence du Pardon en présence des sept évêques. Bartoli raconte dans son Histoire de l'Indulgence, en 1325, que de son temps, on remarquait cinq poutres de cette estrade respectueusement conservées en ce lieu.

Cette cabane, un peu sous sol est éclairée par deux petites fenêtres tournées vers la sainte chapelle, tandisque la porte est tournée vers l'Orient. Du temps de saint François elle était simplement couverte de chaume ou de roseaux. Mais saint Bonaventure la fit remplacer par une voute et construisit un oratoire sur la cabane même. [1] Cet oratoire étant fort petit, le docteur séraphique laissa ouvert un côté de la chapelle et ne le ferma que par une grille de fer pour permettre aux fidèles d'y assister en plus grand nombre à la sainte messe.

En 1438 saint Bernardin de Sienne fit construire une seconde chapelle attenante à la premiére pour offrir un abris aux fidèles. Il chargea le B. Barnabé de Manassei de Terni, alors Gardien du couvent de la Portioncule, d'exécuter son plan. [2] Le B. Barnabé ne changea rien à la disposition de la chapelle construite par saint Bonaventure ni de la cabane de saint François ; il se contenta d'élever audevant d'elles une nouvelle construction, ayant huit mètres de longueur sur quatre de largeur. Ces trois constructions sont désignées sous le nom de chapelle des Roses, à cause du voisinage des Rosiers miraculeux.

Toute la chapelle est couverte de fresques exécutées par Tiberio Diotallevi d'Assise, élève du Pérugin. [3] Dans la chapelle supérieure audessus de l'autel, on voit saint François avec ses douze premiers compagnons; à droite sont représentés saint Bonaventure, saint Bernardin de Sienne, saint Louis d'Anjou et saint Antoine de Padoue; à gauche sainte Claire et sainte Elisabeth de Hongrie, et à la voûte Dieu le Père, entouré de

1) Bartoli, Hist. de l'Indulg.
2) Augustin de Stroncone, Umbria seraphica.
3) Lanzi, Grimaldi et Cristofani. D'après eux la fresque audessus de l'autel pourrait bien être l'oeuvre de Spagna.

séraphins. Toutes ces figures sont de grandeur naturelle. Quoiqu'il y ait un peu de raideur dans leur pose, elles sont néanmoins pleines de grâce et de piété. Dans l'autre partie de la chapelle on remarque les sujets suivants: 1.° Saint François dans les épines et l'apparition des anges; 2.° saint François conduit par les anges dans la sainte chapelle, les figures des anges sont très belles; 3.° saint François obtient l'Indulgence; 4.° saint François en présence du Pape Honorius III; 5.° saint François publie l'Indulgence. Cette dernière fresque représente la chapelle de la Portioncule avec tant de détails qu'elle peut compter pour un document historique. Sur la façade on voit Jésus-Christ avec sa Mère à genoux; Saint François est prosterné sur le sol et couvert du large manteau dont les anges l'ont revêtu à sa sortie des épines. Notre Seigneur offre à la sainte Vierge trois clefs, symboles de l'Indulgence qui ferme l'enfer par la confession obligatoire, le purgatoire par la rémission de la peine due au péché et par conséquent ouvre le ciel. Il suffit de jeter un coup d'oeil sur cette fresque pour s'assurer que Tiberio a fidèlement copié l'oeuvre d'un autre artiste; la composition, le style, le coloris, tout est différent de son genre. Il a sans doute reproduit la sainte chapelle telle qu'elle était de son temps, c'est-à dire avec la fresque attribuée à Giunta Pisano et retouchée par Niccolò de Foligno. On remarque aussi au dessus de la chapelle de la Portioncule deux rangées de colonnettes supportant le choeur que saint Bernardin de

Sienne avait fait construire pour les Frères laïques. Ceux-ci voyaient l'autel à travers une ouverture octogonale pratiquée dans la voute. Cette ouverture se voit encore aujourd'hui dans la sainte chapelle.

En face de la cabane de saint François se trouvait celle du bienheureux Egide, et de l'autre côté du petit jardin des Roses étaient les cellules du Frère Junipère, Frère Léon, Frère Massé, et d'autres saint religieux; mais toutes ont disparu.

Chapitre II

La Basilique.

I
Notions historiques.

La foule immense qui fréquentait la chapelle de la Portioncule rendit bientôt nécessaire la construction d'une église plus vaste. Celle-ci s'éleva probablement peu après la mort du saint fondateur. En 1288 cette église fut agrandie et decorée par les soins du Pape Nicolas IV qui fit recueillir dans ce but d'abondantes aumônes. Mais bientôt celle-ci à son tour ne répondit plus aux exigences de ce pélérinage, de jour en jour plus célèbre et plus fréquenté. Saint Pie V, de l'Ordre des Frères Prêcheurs, ordonna la construction d'un splendide monument qui dut enchâsser la précieuse chapelle de la Portioncule comme une perle.

Les Religieux de Sainte-Marie-des-Anges ne reçurent pas cet ordre sans gémir ; car bien des cellules autrefois occupées par des saints, bien des chapelles consacrées par quelque prodige céleste et d'antiques bâtiments qui étaient encore, pour me servir d'une expression de Salvator Vitali, tout imprégnés des parfums de sainteté, devaient disparaître devant ce nouvel édifice. Mais le saint Pontife avait exprimé sa volonté. Ce fut assez pour vaincre les répugnances des Frères et les porter à mettre la main à l'oeuvre.

L'exécution du plan fut confié au célèbre architecte Jacques Barozzi de Vignole, comme l'atteste entre autres Ignace Danti, illustre mathématicien de Bologne. Ecrivant dix ans après la mort de Vignole son traité sur les deux règles de perspective de ce dernier, il dit: « La Basilique de Sainte-Marie-des-Anges fut aussi ordonnée et fondée par Barozzi de Vignole et continuée par Galeazzo Alessi et Jules Danti. » [1]

Vignole choisit l'ordre dorique, à la fois élégant et majestueux, et donna à son plan la forme d'une croix latine longue de 127 mêtres et large de 64 mêtres. [2] La branche inférieure se divise en trois nefs et deux rangées de chapelles. La branche

1) Baldinucci, *Notizie dei Professori di disegno.*— Milizia e Pascoli, *Itinerarii d'Italia* et Cristofani n'ont aucun de doute à ce sujet. Il suffit du reste de comparer les édifices de Vignole, comme les coupoles mineures de Saint-Pierre de Rome, à la Basilique de Sainte-Marie-des-Anges pour acquérir la certitude qu'ils ont été conçus par le même architecte.

2) Cristofani, Guida.

supérieure se termine en hémycicle, occupé par le choeur, ayant à ses cotés deux clochers qui correspondent aux chapelles latérales. Les transepts ont également des chapelles de côté et d'autre. Au centre de la croix se trouve la chapelle de la Portioncule, placée au dessous d'une majestueuse coupole dont la circonférence intérieure est de 62 mètres. Sa hauteur est de 75 mètres à l'intérieur et de 87 à l'extérieur. Elle est couronnée d'un gracieux campanile. Le façade répond à la partition interne de l'edifice. Ce gigantesque travail fut commencé en 1568. Vignole mourut cinq ans après. Son oeuvre fut continuée par Alessi, Jules Danti et Martelli, tous les trois de Pérouse, et ensuite par Giorgetti d'Assise. Après 110 ans de travail, la Basilique était terminée; il ne restait plus à construire que les deux clochers. Trois Frères de la Portioncule, l'un habile architecte, et les deux autres sculpteurs émérites, entreprirent cette construction et achevèrent le clocher du sud en 1684. Le clocher du nord n'a été élève qu'à la hauteur du toit de la Basilique et est resté inachevé, en attendant que le Providence inspire à quelqu'ami de l'art ou à des bienfaiteurs généreux de compléter ce splendide édifice.

A mesure que les constructions avancaient, l'ancienne église disparut, et finalement on démolit en 1700 le choeur qui se trouvait derrière la sainte chapelle.

Mais malheureusement cette élégante construction n'était pas à l'abri d'une catastrophe. Depuis le mois d'octobre de l'an 1831, jusqu'au mois de mars de l'année suivante, la vallée de l'Ombrie fut fortement secouée par plusieurs tremblements de terre ondulatoires. Les secousses furent si violentes à la Portioncule, que la Basilique fut crevassée de tous cotés. Enfin le quinze mars 1832, durant une nuit calme, les trois nefs et le choeur s'écroulèrent avec un horrible fracas. Mais, circonstance remarquable, la coupole malgré ses crevasses se maintint immobile sur ses quatre piliers. Les architectes déclarèrent que selon toutes les lois de la stabilité, la coupole aurait dû tomber la première et n'attribuèrent sa résistance qu'à la Toute-Puissance divine qui avait voulu préserver la glorieuse et vénérable chapelle de la Portioncule placée au dessous.

En 1836 le Pape Grégoire XVI institua le cardinal Rivarola commissaire apostolique avec plein pouvoir pour diriger la restauration de la Basique. Celui-ci nomma le chevalier Louis Poletti, architecte surintendant et le Frère Louis Ferri de Bologne directeur des travaux. Depuis longtemps déjà ce Frère s'était distingué par son zèle et son intelligence pour la décoration de ce sanctuaire. Grâce a un demi million de francs fournis par la générosité des fidèles du monde entier, les travaux furent poussés activement, et le 8 septembre 1840 le cardinal Lambruschini, Protecteur de l'Ordre, put faire consécration de la Basilique, avec l'assistance du cardinal Rivarola, du cardinal Spinola et de huit évêques. L'année suivante le Pape Grégoire XVI vint visiter la Basilique de la Portioncule qui avait retrouvé son ancienne majesté.

Par la régularité de ses lignes, la pureté de son style et l'harmonie de ses membres d'architecture, la Basilique de Sainte-Marie-des-Anges est un des plus beaux monuments qui existent dans ce genre.

II

La coupole, le transept et le choeur.

La coupole s'élève au dessus de la sainte chapelle avec une grande grâce et admirable légèreté. Elle repose sur quatre piliers dont chacun mesure vingt mêtres de pourtour, mais ils ne cessent pas de paraître élégants, grâce à la disposition de leurs lignes architectoniques. Les pendentifs ou parties supérieures de ces piliers, sont décorés de fresques, peintes par François Appiani d'Ancône en 1757. On y voit saint François fondant son Ordre, les Bénédictins concédant la Portioncule, sainte Claire qui se consacre à Dieu et saint Bonaventure écrivant la vie du saint Patriarche: Lanzi accorde à l'artiste un style *doux* et harmonieux; audessous de ces peintures, quatre bas-reliefs représentent les vertus cardinales, et un peu plus bas, dans des niches se trouvent les statues des quatre grands Prophètes. Ces ouvrages, en stuc, furent exécutés par Giovacchino Grampini de Foligno. Au bas des piliers, quatre tableaux modernes d'Etienne Montanari, prêtre de Rimini, représentent quelques traits de l'histoire de l'Indulgence. 1)

Sur les deux premiers piliers on remarque aussi deux monuments sépulcraux. L'un en marbre a été élève par le cardinal Cosimo Imperiali à sa parente, la princesse Thérèse Grillo de Gênes, qui, selon son désir, fut enterrée à Sainte-Marie-des-Anges en 1769. Thomas Righi, de l'académie romaine, le sculpta, avec I. Franchi de Carrare. L'autre en stuc est celui d'Antoine Folch Frère Mineur de l'Observance, archevèque de Valence en Espagne et membre du conseil secret de Charles VI. Il mourut à Vienne en 1724 et demanda aussi à être enterré à la Portioncule. Ce monument est l'oeuvre de Grampini.

Le fond du transept du côté de l'Evangile est occupé par un grandiose autel dédié à saint Antoine de Padoue. On y conserve aussi le Très-saint Sacrement de l'Eucharistie. Cet autel, un des plus beaux de la Basilique, soit par son architecture soit par la richesse de ses marbres, est un don de la ville de Pérouse. Le tableau du milieu représente la sainte Vierge et l' Enfant Jésus apparaissant à sainte Antoine de Padoue. Son auteur est Brozzini de Pérouse, (XVIIe siècle). Les deux tableaux latéraux sont d'Hyppolite de Coceto, religieux franciscain. A droite est la chapelle de saint Joseph, qui renferme une admirable sculpture en relief en terre-cuite émaillée de Luca della Robbia. 2) Le tableau est divisé en

1) Lanzi, Storia della pittura.
2) Mariano Guardabassi et Cristofani *Guida*.

six compartiments. En haut on voit le couronnement de la sainte Vierge, saint François recevant les stigmates et saint Jerôme dans le désert ; en bas, l'Annonciation, la Naissance du Sauveur et l'Adoration des Mages. La Vierge dans le couronnement et l'Annonciation sont généralement estimées comme une des oeuvres les plus parfaites sorties des mains du célèbre Luca della Robbia.

A gauche de l'autel de saint Antoine, est la chapelle de saint Pascal et de saint Jean de Capistran, représentés tous les deux sur le tableau de l'autel. Dans le tympan un tableau représente saint François Solano, le grand apôtre du Pérou. Dans les niches sont placées les statues de saint Pascal et de saint François Solano.

Un peu plus loin vient la chapelle du Crucifix. Elle renferme un beau Christ de grandeur naturelle avec la sainte Vierge, sainte Madeleine et saint Jean au pied de la croix. Ces statues en bois furent sculptées par Eusèbe Bastoni de Pérouse. Dans le tympan se voit le jardin de Gethsémani.

En avançant vers le choeur, dans le bras supérieur de la Basilique, on rencontre à sa droite une grande porte grillée qui donne accès au *coretto* ou petit choeur. Audessus de la porte est une peinture de Candolfi de Bologne, d'autres disent de Gaetano, représentant la mort de saint François Xavier. Dans l'intérieur, on voit sur l'autel saint Pierre de Régalat, peint par Lorenzo Guerrini. La chaire sur laquelle ont prêché saint Bernardin de Sienne et d'autres saints de l'Ordre séraphique est placée dans ce même endroit.

Au sortir du *coretto* on a à sa gauche une grande chaire en bois richement sculptée par des religieux du couvent. Puis vient une balustrade en marbre à l'entrée du sanctuaire. Le maître-autel est en albâtre et en marbre de Carrare. L'albâtre a été offert en cadeau par le vice-roi d'Egypte a Msgr Bernardin Trionfetti de Montefranco, qui avait été Custode de Terre-Sainte. Le dessin de ce magnifique autel est dû au R. P. Léonard de Casoli, qui a enrichi la Basilique d'un grand nombre de ses sculptures. Sous le maître-autel reposent les corps de deux martyrs, saint Parminius et sainte Justine son épouse, avec une ampoule de leur sang et la pierre tombale qui porte leur nom. [1] En franchissant la grille placée derrière l'autel, on se trouve dans le choeur. Les trois rangées de stalles avec le grandiose lutrin sont l'oeuvre des religieux du couvent. Au fond, dans une niche, on voit une statue de l'Immaculée conception en bois doré. Le peuple lui à donné le nom de *Notre-Dame du beau temps,* parcequ'on l'a souvent invoquée avec une efficacité merveilleuse, quand les pluies ou les orages menaçaient de détruire les récoltes.

Revenant ensuite sur ses pas, le visiteur rencontre à sa gauche un buste en bronze du Pape Grégoire XVI insigne bienfaiteur de la Portioncule. Audevant de la balustrade est suspendue une lampe splendide en cuivre ciselé à jour au

1) Ces deux corps furent extraits du cimetière de sainte Priscille à Rome, en 1839.

repoussé. Cette oeuvre d'art parait être du XVIe siècle. On passe ensuite devant la chapelle de saint François pour entrer dans le transept ou bras droit de la Basilique.

Au fond s'élève un immense autel en stuc, ayant près de quinze mètres de largeur et vingt cinq de hauteur. Il a été fait par un artiste belge, Jean-Reynald, en 1675. Au milieu, on voit la délivrance de saint Pierre par un ange, à droite et à gauche la statue de saint Bonaventure et celle de saint Félicien. Sur l'autel une châsse dorée renferme le corps de sainte Julienne, vierge et martyre, avec une ampoule de son sang. 1)

A droite est la chapelle dédiée à sainte Marguerite de Cortone et à saint Pierre d'Alcantara. Le tableau qui représente ces deux saints est de Lorenzo Guerrini. Sur un des piliers de cette chapelle on aperçoit le buste du Pape Pie VII avec une inscription en marbre qui rappelle sa munificence envers la Portioncule et le pélérinage qu'il fit solennellement à ce sanctuaire, en revenant de sa captivité de Paris, le 13 mai 1805.

En face se trouve la chapelle des Reliques. Un beau meuble sculpté, situé derrière l'autel, contient un grand nombre de précieuses reliques. Il se trouve dans cette même chapelle un Crucifix de Giunta de Pise, véritable trésor de l'art. Le Christ, copié sur celui qui parla à saint François, est peint sur une croix en bois. Aux extrémités sont

1) Le corps de sainte Julienne fut extrait du cimetière de saint Cyriaque à Rome, en 1667.

représentés saint Jean l'Evangéliste, la sainte Vierge, sainte Magdeleine et un autre saint, en demies-figures. Au bas de la croix est écrit le nom de l'auteur, que Lanzi a reproduit de la manière suivante en suppléant les lettres qui manquent : Junta Pisanus Juntini me fecit. Giunta le Pisan a travaillé à Assise de l'an 1230 à 1240.

On voit dans cette peinture les efforts faits par l'artiste pour s'éloigner du style froid et conventionnel des Bysantins et pour diriger l'art dans une voie de régénération et de progrès. « Les figures sont notablement audessous de la grandeur naturelle, dit Lanzi, le dessin est sec et les doigts sont trop longs : *vitia* peut-on dire ici, *non hominum sed temporum.* Mais l'étude du nu, l'expression de douleur dans la tête, le plissement de l'étoffe surpassent de beaucoup le genre des Grecs contemporains. L'impastation des couleurs est forte, quoiqu'encore bronzée dans la carnation; leur disposition est variée ; le clair-obscur est traité avec un certain art ; en somme, il n'est pas inférieur, sinon par ses dimensions, aux Crucifix de ce genre, attribués à Cimabue. » 1)

III

La sacristie.

La sacristie mérite sous tous les rapports d'être visitée par le pèlerin. Les grandioses armoires et

1) Storia della pittura. — Giunta de Piso a point deux Crucifix ; mais l'autre, conservé dans la Basilique de saint François à Assise, est perdu. Cristofani.

les prie-Dieu sont en bois sculpté et très-élegamment disposés. On n'y remarque pas en général, il est vrai, la grâce des contours, et la finesse des détails; à l'époque où ces travaux furent exécutés, on préférait l'abondance et un bon effet d'ensemble à une élégance minutieuse. Ces sculptures sont l'oeuvre des religieux du couvent. La partie décorative en fresques est de Martelli d'Assise. La sacristie est en outre ornée d'un grand nombre de tableaux, dont voici les principaux: Jésus de Nazareth en demi-figure, du Pérugin d'après les uns, de son plus digne élève, Spagna, d'après les autres. Une sainte Face et une Pietà peintes sur cuivre, de Guido Reni. Marie avec l'Enfant Jésus bénissant, attribuée à Spagna. Marie avec Jésus, de l'école bysantine. Une Crèche de l'école vénitienne. Marie affligée de Brozzini. L'Apparition de Jésus à Emmaüs. L'Annonciation, de l'école de Maratta. Les fiançailles de sainte Catherine. La Visitation. La Fuite en Egypte. L'apparition de l'ange à saint Joseph, de Marinelli. 1)

De la sacristie, on entre dans la chapelle de saint Charles-Borromé. Sur l'autel est un Saint-François peint sur une planche de son lit. C'est sur cette même planche que le saint fut lavé et embaumé après sa mort, lorsqu'on eut extrait son coeur. 2)

1) Mariano Guardabassi.
2) Voir Dissertation sur le coeur de saint François.

Il tient dans une main la croix et dans l'autre un livre sur lequel on lit ces paroles :

Hic mihi vi venti	Lectus fuit et morienti

« Ceci fut mon lit, pendant ma vie et à ma mort. » Lanzi dit que c'est *le plus ancien tableau* qui représente saint François et croit qu'il fut exécuté par un peintre grec antérieur à Giunta de Pise. Il a donc été fait de l'an 1226 à 1230. 1)

IV

Les chapelles latérales de la Basilique.

Aux cinq travées des nefs latérales correspondent autant de chapelles dont chacune a une superficie intérieure de soixante quinze mètres carrés. La plupart d'entre elles renferment les tombeaux des familles nobles du pays. Chaque famille se chargeait de décorer et d'entretenir la chapelle respective destinée à sa sépulture. Elles sont toutes richement ornées de peintures et de sculptures. Nous allons en citer les oeuvres principales, en commençant par la chapelle près de la porte à gauche en entrant.

1.° Chapelle de saint Didace. Le tableau de l'autel représente saint Didace guérissant un malade, et est l'oeuvre d'Hyppolite de Coccto, reli-

1) Storia della pittura.

gieux franciscain dont nous avons eu déjà l'occasion de parler. Ce même artiste peignit les Stations du chemin de Croix. La voûte peinte par Garbi de Pérouse, représente le triomphe de saint Didace et les Vertus.

Le grand tableau à gauche, saint François en présence du Pape Honorius III, est de Balthasar Orsini; l'autre en face, la publication de l'Indulgence, est de François Cavalluci de Pérouse.

2.° La chapelle des Stigmates. Le magnifique tableau de saint François recevant les stigmates est de Giorgetti d'Assise, qui peignit aussi les deux fresques à gauche, les funérailles de saint François, et sainte Claire se consacrant à Dieu. César Sermei est l'auteur des deux fresques en face, saint François transporté à saint Damien et le même saint devant le Pape. La voute qui représente le séraphique Père introduit au ciel par saint Michel est du même peintre. Cette chapelle sert de lieu de réunion pour la Fraternité du Tiers Ordre.

3.° Chapelle de saint Maximin martyr. Sur l'autel se trouve le corps de ce saint. Balthasar Croci y peignit la Descente de la Croix, Ventura Salimbeni la Resurection, dans la voûte, et Jean Crispoldo les tableaux latéraux, Jésus consolant les Femmes de Jerusalem et le *Noli me tangere*.

4.° Chapelle du couronnement de la Vierge. Le tableau du couronnement de la Vierge est de Simon Ciburri de Pérouse, qui y peignit aussi une guérison miraculeuse, saint François et sainte Claire en extase, et à la voûte le Père Eternel.

Dans cette chapelle se trouve le tombeau de la V. servante de Dieu Diomira. 1)

5.° Chapelle du Rosaire. C'est là que se réunissent les membres de l'Archiconfrérie de Notre-Dame des Anges. 2) Dominique Muratori de Bologne est l'auteur du tableau de l'autel, représentant la sainte Vierge, l'Enfant Jésus, saint Dominique,

1) Voir plus loin, ch. III.

2) La dévotion à Notre-Dame des anges a été répandue dans le monde par l'Ordre franciscain, qui a pris naissance dans l'antique sanctuaire de Sainte-Marie des Anges. Sa Sainteté le Pape Pie IX établit à la Portioncule l'Archiconfrérie de Notre-Dame des Anges, pour engager les fidèles à vénérer la sainte Vierge sous ce titre si cher à Marie. Un autre but de cette dévotion est de mériter l'intercession des Esprits célestes auprès de leur Reine et leur assistance spéciale pour travailler à la sanctification des âmes et à la conversion des pécheurs.

Voici les principaux Statuts de l'Archiconfrérie : 1.° Porter la médaille ou l'image de Notre-Dame des Anges ; 2 ° Réciter chaque jour neuf *Ave Maria* ; 3.° Offrir chaque matin ses actions et ses prières à la Reine des Anges ; 4.° Fréquenter les saints sacrements ; 5.° Prier pour l'Eglise et la société.

Les Privilèges sont : Communication de toutes les Indulgences et autres grâces spirituelles dont est enrichie la Confrérie dite Prima-Primaria, érigée au Collège Romain. Dans les paroisses où la Confrérie est canoniquement érigée et *affiliée* à l'Archiconfrérie établie à la Portioncule, les membres peuvent gagner près de soixante Indulgences Plénières par an. Les Indulgences partielles sont innombrables. En outre, l'autel de la chapelle où les membres de la Confrérie tiennent leurs assemblées est *Privilégié* pour tout prêtre qui y dit la messe. Tous les membres participent aux fruits des messes qui se disent quotidiennement depuis l'aurore jusqu'à midi dans la sainte chapelle de la Portioncule.

Les prêtres qui désirent de plus amples renseignements sur l'Archiconfrérie de Notre-Dame des Anges, la manière de l'ériger dans les paroisses et de l'affilier à celle de la Portioncule, n'ont qu'à s'adresser au : T. R. Père André de Greccio, au couvent de la Portioncule, près d'Assise.

sainte Claire, sainte Thérèse etc. Les autres peintures sout de Morelli d'Assise. Cette chapelle renferme le tombeau de Msgr Octave Spader, réligieux de ce couvent et évêque d'Assise.

De l'autre côté, en commençant également près de la porte, on trouve les cinq chapelles suivantes :

1.° Chapelle de saint Antoine abbé. Elle devint chapelle paroissiale en 1850. Le tableau de l'autel est de Giorgetti, les peintures de la voute, d'Appiani et les fresques latérales de Garbi.

2.° Chapelle de saint Jean Baptiste. Les fresques représentent quelques traits de la vie de saint Jean Baptiste et sont de Nicolas dit le Pomerancio; le tableau de l'autel de César Sermei ou de Giorgetti.

3.° Chapelle de sainte Anne. Le tableau de l'autel est du Pomerancio et les fresques de Marinelli d'Assise.

4.° Chapelle de saint Pie V. La chapelle étant dédiée autrefois à la Nativité de la sainte Vierge, les peintures réprésentent divers mystères de sa vie. Les auteurs en sont inconnus.

5.° Finalement vient la chapelle de l'Annonciation ou de la Crêche. Sur l'autel est une magnifique Crêche avec des statues de grandeur naturelle, exposée pendant les fêtes de Noël; mais durant l'année elle est cachée par un tableau représentant l'Annonciation de César Maggieri. Les fresques sont de Frédéric Zuccari. On y voit d'un côté la procession des habitants d'Assise à la Portioncule et de l'autre le comte Orlando concédant l'Alverne à saint François. Dans cette courte enumération nous avons passé sous silence des centaines de peintures dont un grand nombre ont un certain interêt artistique ou historique.

Chapitre III

Le couvent et les saints religieux qui l'ont habité.

Du couvent habité par saint François il ne reste que deux cellules, transformées en oratoires : la cellule de l'infirmerie, aujourd'hui la chapelle de saint François, et la cabane du séraphique Père que nous avons vue dans la chapelle des Roses. En 1288 le Pape Nicolas IV ordonna la construction d'un nouveau couvent. Mais celui-ci fut en grande partie démoli à l'occasion de la construction de la nouvelle Basilique. Cependant une aile toute entière fut préservée et nous permet de conjecturer que l'ancien couvent était composé de quatre bâtiments, formant au milieu un préau carré de dix mètres de côté, avec un cloître tout autour. On voit encore cinq travées de ce cloître. Elles sont formées de piliers carrés surmontés d'arcs à plein-cintre. Au milieu de la cour est le puits de saint François. Comme le mur de la Basilique passe en cet endroit, on a protégé le puits au moyen d'un arceau qui forme une grande niche. La tradition rapporte que saint François fit jaillir cette eau d'une manière miraculeuse. Dans cette même cour on voit la petite fenêtre de la cellule, occupée par saint Bernardin de Sienne.

La construction du couvent actuel fut commencée par le bienheureux Bernardin de Feltre en 1493. Il se compose de quatre grands corps de bâtiments formant un carré. La cour intérieure est entourée d'un cloître décoré de fresques peintes par Providoni d'Assise. Ces fresques forment quarante cinq sujets tirés de la vie de saint François et rappellent les principales gloires de la Portioncule. Entre ces fresques, à la retombée de la voûte, on voit trente neuf peintures ovales avec le portrait des saints religieux qui ont habité ce couvent et une courte légende.

Voici leurs noms avec la légende :

1.° B. Bernard de Quintavalle, premier compagnon de saint François. Pendant qu'il vécut dans ce sacré couvent, il reçut une mystérieuse bénédiction du saint Patriarche, qui le déclara supérieur à tous les autres Frères. (Barthélémy de Pise, Conformité 8).

2.° B. Pierre de Catane, dont le corps repose dans ce saint temple. Après sa mort il reçut l'ordre du séraphique Père de cesser de faire des miracles; il obéit aussitôt et se mit à genoux dans son tombeau. (Barth. Conform. 7).

3.° Bienheureux Egide, troisième compagnon du saint. Il assista à la mort de son bien aimé Père, et demeura longtemps à la Portioncule, adonné à la vie contemplative. (Barth. Conf. 27).

4.° B. Sabatin, quatrième compagnon du saint avec lequel il vécut longtemps en ce lieu et partit d'ici pour se rendre en Orient, dans l'espoir de verser son sang pour Jésus-Christ. (Wadding, 1219).

5.° B. Morico-le-Petit, cinquième compagnon de saint François. 1)

6.° B. Guillaume d'Angleterre, choisi par le saint Patriarche pour prendre parmi ses *douze compagnons* la place du malheureux Jean Capella. Il vécut longtemps en ce lieu, édifiant tout le monde par la sainteté de sa vie. (Barth. Conf. 8).

7.° B. Philippe-le-Long, d'Assise, septième compagnon de saint François. C'est à la Portioncule qu'un ange lui purifia les lèvres avec un charbon ardent, comme autrefois au prophète Isaïe. (Wadding, 1209).

8.° B. Jean de S. Costanzo, huitième compagnon du saint. Il passa sa vie à la Portioncule dans la pénitence la plus austère; son corps repose en ce saint lieu.

9.° B. Barbaro d'Assise, neuvième compagnon du saint Patriarche. Le séraphique Père avait pour lui une affection spéciale à cause de son esprit de mortification. Il vécut et mourut dans ce sacré couvent, où repose son corps. (Tossignano, Lib. I).

1) L'artiste a confondu Morico-le-Petit avec Morico le Crucifère.

10.° B. Bernard de Vigilante d'Assise, dixième compagnon de saint François. Ce religieux passa une grande partie de sa vie en ce lieu où il opéra des miracles; après y avoir rendu son âme à Dieu, il fut enterré a côté de ses trois autres compagnons. (Tossignano, Lib. I).

11.° B. Ange de Riéti; onzième compagnon du saint. Il fut témoin de la concession de l'Indulgence du Pardon.

12.° Viennent ensuite successivement les portraits des cinq Martyrs du Maroc, saint Bérard, saint Pierre, saint Accurse, saint Adjute et saint Othon. C'est de ce sacré couvent que saint François les envoya parmi les infidèles.

17.° Saint Antoine de Padoue, qui se trouva à la Portioncule à l'occasion d'un chapitre général, où il se distingua par sa profonde humilité.

18.° Sont ensuite représentés le B. Léon, le B. Massé, le B. Ruffin et le B. Junipère. Inutile de s'y arrêter; le lecteur sait déjà combien ils aient embaumé la Portioncule du parfum de leurs vertus.

22.° B. Jacques des Laudes. Il eut le bonheur de voir l'âme du bienheureux Père monter au ciel sous la forme d'une étoile. Ses dépouilles mortelles reposent à la Portioncule. (Barthél. Conf. 8).

23.° B. Jean-le-Simple, appelé par le bienheureux Père *Jean-le-Saint*. Son corps est également enterré en ce lieu. (Barth. Conf. 8).

24.° B. Paciphique de la Marche, qui progressa rapidement à la Portioncule dans les voies de la perfection.

25.° B. Monald de Florence, qui était témoin en ce lieu de la multiplication miraculeuse des pains par saint François.

26.° B. Illuminé de Riéti, qui après avoir été reçu dans l'Ordre à la Portioncule, accompagna saint François en Syrie.

27.° B. Léonard d'Assise, un autre compagnon du saint en Syrie.

28.° B. Jean Parent, Ministre Général de l'Ordre, célébra à la Portioncule un chapitre général.

29.° Saint Bonaventure. Se trouvant à la Portioncule, il lui fut révélé que l'ange de l'Apocalypse avec le signe du Dieu vivant figurait saint François, le Stigmatisé de l'Alverne.

30.° B. Etienne de Narni, qui vécut longtemps à Sainte-Marie-des-Anges, donnant sans cesse l'exemple de la plus parfaite charité. Son corps fut enseveli près de la sainte chapelle. (Gonzague).

31.° B. Etienne d'Assise. Son corps repose également en ce lieu. (Jacobili, Lég. 2 août).

32.° Saint Bernardin de Sienne. On conserve encore la cellule qu'il occupait dans ce couvent. Etant Vicaire Général de l'Observance il rédigea ici plusieurs décrets relatifs à l'Ordre. (Chron. lib. I, c. 37).

33.° Saint Jean de Capistran, qui promulgua à Sainte-Marie-des-Anges les Constitutions rédigées sur le Mont Alverne et à Saint Damien. (Chron. an 1443).

34.° Saint Jacques de la Marche. Il reçut l'habit religieux et fit sa profession à la Portioncule.

C'est ici qu'il délivra un jour une femme possédée du démon. (Chron. p. III, lib. 2).

35.° B. Barnabé de Terni, Vicaire de cette Province Séraphique et trois fois Gardien de la Portioncule. (Jacobili, Lég. sup. di febr.).

36.° B. François de Pavie. Il vint habiter ce couvent après avoir appris par révélation que les Frères Mineurs Observants y servaient Dieu avec fidélité. (Chron. p. III, lib. 3).

37.° B. Jean Bonvisi qui vécut longtemps dans ce couvent. Son corps repose près de la chapelle de saint François. (Gonzague, Prov. S. Fran.).

38.° B. Chérubin de Spolète qui est enterré à côté du B. Jean Bonvisi. A sa mort on vit son âme monter au ciel, accompagnée de soixante dix mille âmes qu'il avait sauvées par ses prédications. (Wadding, an 1484).

39.° Vient enfin le Bienheureux Ange de Chivasso, Vicaire général de l'Observance. Il assista dans ce sacré couvent à la mort du B. Chérubin de Spolète. (Chron. p. III, l. 6).

Sans doute faute de place, le peintre n'a pas représenté tous les saints Religieux qui ont vécu ou qui sont morts à Sainte Marie des Anges. On n'y voit pas le portrait du B. Sylvestre, douzième compagnon de saint François et premier prêtre de l'Ordre, qui se distingua à la Portioncule par la sainteté de sa vie. Le B. Thomas de Célano, le pieux biographe de saint François, le B. Césaire de Spire et le B. Simon de Collazzano, deux parfaits imitateurs du Pauvre d'Assise méritent aussi d'être classés parmi les saints religieux qui abitèrent la Portioncule. Du reste, tous ceux qui entrèrent dans l'Ordre avant l'année 1219 vécurent à Sainte-Marie-des-Anges jusqu'à cette époque le seul noviciat de l'Ordre franciscain. Mentionnons encore le bienheureux André de Spello qui fit son noviciat au berceau de l'Ordre, le B. Jean de Stronconio, grand zélateur de la sainte pauvreté, et le bienheureux Bernardin de Feltre. Un jour, le 1 août 1486, pendant qu'il prêchait sur l'Indulgence, on vit une brillante étoile se poser sur sa tête.

Nous croirions laisser une lagune en ne mentionnant pas au moins quelques uns des saints personnages qui ont visité la Portioncule pour offrir leurs hommages à la Reine des anges ou pour gagner l'Indulgence du Pardon. Nous avons déjà eu l'occasion de parler de la bienheureuse Angèle de Foligno et de sainte Brigitte qui tous les deux eurent des visions ou des révélations dans la sainte chapelle.

En 1296 vint sainte Marguerite de Cortone avec une autre tertiaire du nom d'Adrienne, à l'occasion de l'Indulgence du Pardon. Quelques jours après son pélérinage à la Portioncule, Adrienne vint à mourir. Sainte Marguerite priant pour le repos de son âme, entendit une voix du ciel lui dire : « Par les mérites de l'Indulgence, Adrianne est montée au ciel, sans passer par le purgatoire. »

En 1344 la bienheureuse Claire de Rimini arriva à Assise le 2 août avec un grand nombre de compagnes. Après avoir visité le tombeau du séraphique Père elle fut subitement transportée d'une manière merveilleuse de l'église de saint François dans celle de Notre-Dame des Anges.

La bienheureuse Angeline eut en 1395 une révélation divine dans la sainte chapelle.

En 1425 sainte Françoise romaine fit le pélérinage à la Portioncule avec deux compagnes, pour gagner l'Indulgence du Pardon. En arrivant dans la plaine de Foligno elles souffrirent beaucoup de la soif. Tout à coup leur apparut un Frère-Mineur, que sainte Françoise supposa ensuite avoir été le séraphique Père lui-même. Le mystérieux religieux fit tomber d'un poirier sauvage des fruits d'une grosseur et d'une suavité merveilleuse, qui permirent aux pieuses pélerines d'étancher leur soif et de continuer leur route.

Saint François de Paul et saint Didace vinrent aussi saluer la Reine des anges.

En 1452, avant de se rendre en Bohème en qualité de Commissaire apostolique, saint Jean Capistran vint à la Portioncule pour se recommander à la très-sainte Vierge. Lorsqu'il fit sa dernière prière, il fut environné d'une lumière celeste plus brillante que le soleil. Cette lumière ne le quitta qu'à une distance de cinq cents pas de la sainte chapelle, symbolisant la lumière évangélique qu'il allait porter à ce pays.

La bienheureuse Eustachie de Messine, se trouvant le 2 août 1492 dans la sainte chapelle, douta si l'Indulgence de la Portioncule était profitable aux âmes du purgatoire. Aussitôt elle se vit entourée d'une multitude d'âmes, qui la supplièrent de leur appliquer cette Indulgence pour les délivrer de leurs tourments.

Saint Félix de Cantalice et saint Charles Borromée firent aussi leur pélérinage à Sainte-Marie-des-Anges.

En 1592 la V. Servante de Dieu Diomira Bini d'Assise reçut l'habit du Tiers-Ordre à la Portioncule à l'âge de dix huit ans et devint bientôt un modèle de perfection.

Elle mourut le 8 mai 1608. Son corps fut porté avec grande solennité à Sainte Marie des Anges et enseveli dans la chapelle du Couronnement de la Vierge. Sept jours après sa sépulture, l'évêque d'Assise, Marcel Crescenzi fit ouvrir son tombeau et trouva le corps de la V. Servante de Dieu aussi frais qu'au moment de sa mort et répandant une suave odeur. C'est à cette occasion que l'évêque fit placer sur son tombeau l'inscription qu'on y lit encore aujourd'hui. Bien des faveurs célestes ont été accordées par Dieu aux personnes qui ont eu recours à l'intercession de la V. Diomira, comme l'ont testifié trente témoins. [1]

Saint Joseph de Cupertino, qui vivait près de quatorze ans au couvent de Saint-François à Assise, vint chaque année à Sainte-Marie-des-Anges le deux août, pour gagner l'Indulgence de la Portioncule, et eut de fréquents ravissements dans la sainte chapelle.

L'*Umbria seraphica*, à laquelle nous avons emprunté les faits précédents, contient les noms

1) Extrait des archives de l'évêché d'Assise d'après Grimaldi.

de beaucoup d'autres saints personnages ainsi que ceux des Papes, des Empereurs, des rois, des princes et d'autres illustres personnes qui ont fait le pélérinage de la Portioncule. Mais ce que nous en avons dit suffit pour faire comprendre au lecteur que la Portioncule a été sans cesse une pépinière de saint, un rendez-vous des âmes pieuses et un théatre de merveilles.

Disons encore un mot du couvent, avant de finir.

Au milieu de la cour est une grande cisterne d'une construction remarquable. Elle remonte à l'an 1620. Le couvent a été fourni d'une excellente eau en 1486, grâce à la munificence de Laurent de Médicis, dit le Magnifique, qui fut miraculeusement guéri à la Portioncule.

Dans le cloître s'ouvre le réfectoire qui a une longueur de 55 mêtres. A une extrémité sont représentées les noces de Cana, par Providoni, et à l'autre on voit le Calvaire peint par Dono dei Doni en 1561. Vasari parle avec éloge de cette vaste fresque composée de cinquante deux figures, la plus-part audessus de grandeur naturelle.

La bibliothéque était autrefois garnie d'un très grand nombre d'ouvrages, surtout de précieux manuscrits Mais par suite du décret de spoliation de l'an 1866, le couvent fut complétement dépouillé, et les religieux expulsés. Cependant, malgré la suppression de la communauté, la Portioncule n'a jamais été abandonnée. Les religieux se maintinrent dans le voisinage de la Basilique au prix des plus grands sacrifices, pour continuer un service régulier dans le sanctuaire de la Portioncule; et lorsque le gouvernement mit le couvent aux enchères, ils eurent le bonheur de racheter leur asile, grâce à la générosité des amis de saint François. C'est ainsi que s'accomplit le désir du séraphique Patriarche qui avant de mourir disait à ses Frères : « Gardez-vous bien, mes chers Enfants, d'abandonner ce lieu. Si l'on vous chasse par une porte rentrez-y par l'autre : car ce lieu est saint. »

APPENDICE

Dissertation sur l'existence du coeur de saint François d'Assise à la Portioncule.

Nous croyons intéresser une classe de lecteurs en disant quelques mots de la discussion soulevée autrefois sur l'existence du coeur et des viscères de saint François a Notre-Dame-des-Anges. Il nous semble utile de protester ici, que notre intention est de n'offenser personne. Si nous faisons allusion à d'anciennes discussions, nous aurons soin de garder scrupuleusement la charité, tout en cherchant la vérité.

Rappelons d'abord, que lorsque le corps du séraphique Père fut transporté de l'église Saint-Georges dans la Basilique de Saint-François, quatre ans après sa mort, Frère Elie crut devoir le cacher. Il craignit non sans raison, que les peuples voisins, notamment les habitants de Pérouse, ne voulussent s'en emparer un jour, par excés de piété envers le Saint Patriarche. Frère

Elie profita d'un tumulte causé par les magistrats d'Assise, qui voulaient à tout prix porter eux-mêmes la bière sacrée sans en avoir le droit, et réussit à ensevelir le saint corps a huis-clos, dans un caveau préparé secrètement d'avance dans l'église inférieure de la Basilique. Les historiens du XIIIe siècle ont gardé le silence le plus mystérieux sur l'endroit précis et la forme du tombeau de Saint-François, comme aussi sur la position de son corps et son état de conservation. Mais vers le XVIe siècle plusieurs écrivains émirent leurs opinions sur ces diverses questions, sans s'accorder entre eux. Les Bollandistes qui ont publié les *Acta Sanctorum* cinquante ans avant la decouverte du glorieux sépulcre de notre saint Patriarche, ont consacré soixante treize pages in folio, à examiner peser et discuter la valeur de chaque opinion, mais sans pouvoir se prononcer définitivement sur aucun de ces points. Ils commencent par énoncer deux opinions principales sur les conditions du corps de saint-François. La première opinion, généralement soutenue par les Frères-Mineurs Conventuels, dit que le corps du saint, était parfaitement conservé jusqu'à ces derniers temps, qu'il se tenait debout, sans toucher le sol, les yeux élevés vers le ciel, dans un tombeau situé dans une troisième église fort belle, construite sous l'église inférieure. Les mêmes prétendaient aussi que son coeur ne fut jamais séparé du corps. 1) Les partisans de cette

1) Analecta de S. Francesco, pars III § I. s.

opinion basèrent leurs assertions sur un *on dit.* « On dit qu'au XIV et XVe siècle un Pape et d'autres personnages ont visité le tombeau de saint François, et ont constaté que le corps du saint se trouvait dans toutes les conditions indiquées ci dessus. »

L'autre opinion, généralement soutenue par les Frères-Mineurs de l'observance, nous résumons toujours les Bollandistes, dit au contraire que le corps du séraphique Père, quoique d'une merveilleuse beauté après sa mort, s'est néanmoins décomposé, et a été enseveli dans un tombeau de marbre, sous le maître-autel de l'église inférieure; mais non dans une troisième église souterraine. Elle ajoutait que le coeur et les viscères de Saint-François furent extraits de suite après son décès, et ensevelis à Notre-Dame-des-Anges à l'endroit même où le saint rendit son âme à Dieu.

Telle était la double opinion signalée par les Bollandistes, lorsqu'en 1818 on fit durant cinquante jours des fouilles sous le maître autel de l'église inférieure de la basilique, et l'on finit par trouver le sépulcre du glorieux Patriarche. Mais l'on ne rencontra pas de traces d'une église souterraine; le corps de Saint-François était réduit en cendres et placé horizontalement dans un caveau. D'après la constatation des médecins, il avait été placé sur le dos, les bras croisés sur la poitrine dès le principe. Les pièces de monnaie du XIV siècle trouvées dans le sépulcre, avec un chapelet de trois dizaines et un anneau, prouvent, il est vrai, que le tombeau avait été visité à cette époque. Mais le conditions du sépulcre et du saint corps démontrent d'une manière péremptoire, que le bruit qui courait au XVIe siècle au sujet de la posture merveilleuse et de la parfaite conservation de Saint-François dans une belle église souterraine, n'était qu'une invention. Les partisans de l'opinion défavorable à l'existence du coeur de Saint-François ont été induits en erreur, par ce faux bruit, qui, comme nous le verrons plus loin, était la seule base de leurs assertions. Nous continuerons à suivre la dissertation des Bollandistes en citant le diverses autorités qui ont soutenu l'une et l'autre opinion. 1)

La tradition qui affirme l'existence du coeur de saint François à Sainte-Marie-des-Anges remonte au treizième siècle, c'est à dire au temps des Compagnons du saint, et depuis la fin du XIVe siècle, des autorités indiscutables ont soutenu et propagé ce fait si glorieux pour la Portioncule, sans que personne ne les ait contredits avant le XVIIe siècle.

Voici les principaux écrivains qui ont affirmé l'existence du coeur de Saint-François à la Portioncule. Nous les citons par ordre chronologique, en commençant par les moins anciens.

1) Pour faciliter les recherches à ceux qui voudraient étudier cette question plus à fond, nous indiquerons chaque fois les paragraphes des *Analecta* des Bollandistes dans lesquels nous puisons nos citations. — Mais en lisant les Bollandistes, il ne faut pas oublier que ces savants compilateurs ignoraient ce que l'on sait depuis 1818, c'est-à-dire que les preuves alléguées par l'opinion apposée étaient absolument destituées de fondement.

1.° Guillaume Smits, Frère Mineur de la Stricte-Observance, soutenant en 1744 une thèse publique à Anverse, disait: « Le corps de notre séraphique Père, réduit en os et en cendres, est placé horizontalement et repose dans la maître-autel de l'église inférieure, (de Saint-François à Assise). Il n'y a que deux églises l'une sur l'autre dédiées du moins en partie au Patriarche; mais son coeur et ses entrailles se trouvent au *Sacré-Couvent* de la Portioncule. » (Analecta IV, § 1, 6).

2.° Octave Spader, Frère-Mineur de l'Observance et évêque d'Assise, a fait en 1704 un traité spécial pour prouver l'existence du coeur de saint-François à la Portioncule. 1)

3.° Gabriel de Rouen, Frère-Mineur de l'Observance, lecteur en théologie et pénitencier-apostolique à la Portioncule, fit une dissertation semblable vers l'an 1700. Les Bollandistes ont analysé ce travail dans leurs *Analecta.*

4.° Jérémie Buchius et Lucius Anguisola, Frères-Mineurs Conventuels éditèrent à Bologne en 1590 une nouvelle édition du Livre des Conformités de Barthélémy de Pise. Bien que, suivant les Bollandistes, ils aient modifié ou retranché des premières éditions bien des choses, ils ont cependant reproduit tous les passages où Barthélémy affirme que le coeur de Saint-François se trouve à la Portioncule. Ils ont même appuyé ces textes en

1) Courte dissertation sur le Coeur et les Viscères de saint-François, imprimée à Venise en 1725 et reproduite dans le Manuel des Frères-Mineurs par Flamminius Annibal en 1750. — Les Bollandistes ne connaissaient pas ce traité.

inscrivant en marge ces mots : Cor Beati Francisci ubi positum sit. (id. § XX n. 354). 1)

5.° Le V. Gonzague, Ministre Général de l'Ordre séraphique, puis évêque de Mantoue, écrivit un ouvrage intitulé : De l'*Origine* de *l'Ordre séraphique*, ouvrage imprimé à Rome en 1587. Voici ce qu'il dit en parlant du Couvent de Sainte-Marie-des-Anges : « Près du maître-autel, à côté de la sacristie dans une chapelle spéciale, est enseveli le coeur du séraphique Père, comme lui-même l'avait ordonné durant sa vie, sans doute pour montrer que même après sa mort, il aime encore ce sanctuaire plus que tous les autres lieux du monde. (id. § XX n. 355).

6.° Pierre Rodolphe de Tossignano, Frère-Mineur Conventuel et évêque de Senigaglia, dit dans son *Histoire séraphique*, imprimée a Venise en 1586 : « Saint-François, pour montrer à tous son amour (pour la Portioncule) y a laissé son coeur détaché du reste du corps ; il est déposé dans la chapelle du Bienheureux Père. (id. n. 358).

7.° Marc de Lisbonne, Frère-Mineur de l'Observance et évêque de Porto en Portugal, composa les *Chroniques de l'Ordre* vers 1550. Après avoir parlé du désir de saint-François d'être enseveli sur la colline d'Enfer, il ajoute : « En vérité Dieu n'a pas frustré ce Juste dans son

1) Jean Mappelo Frère-Mineur Conventuel a publié la seconde edition du Livre des Conformités en 1513 et il a conservé tous les textes affirmant que le coeur de Saint-François est enterré à la Portioncule.

désir ; son corps en effet fut enterré dans le lieu le plus vil. Quant à son coeur, c'est l'opinion commune qu'il se trouve dans une chapelle de Sainte-Marie-des-Anges, où il est conservé, dit-on, avec grande vénération. » (id. § XX n. 360).

8.° Marien ou Marianus de Florence, Frère-Mineur de l'Observance, mourut en 1525. Dans ses manuscrits conservés au couvent de Saint-Isidore à Rome, il dit que les Frères, après avoir extrait le coeur et les viscères du corps de saint-François, ne les portèrent pas à Assise avec le reste du corps, mais les ensevelirent à la Portioncule. (id. § XX. n. 356).

9.° Bernardin de Foligno, Gardien de la Portioncule en 1496, disait du haut de la chaire le 2 août à une foule immense de pélerins, parmi lesquels se trouvaient un grand nombre de personnages élevés aux plus hautes dignités de la hierarchie ecclèsiastique : « C'est ici le lieu que saint François aimait plus que tous les autres lieux du monde. Sur son ordre, son coeur extrait du corps fut ici enseveli, pour faire savoir que, comme il a aimé ce lieu durant sa vie, ainsi il l'aime encore après sa mort. » [1]

10.° Jacques des Oddi de Pérouse, Frère-Mineur de l'Observance, écrivit vers l'an 1474 son ouvrage intitulé *Franceschina*. On y lit les paroles suivantes : « Avant qu'on emportât saint François de Sainte-Marie-des-Anges, on ouvrit *secrète-*

1) Ce sermon imprimé en caractères gothiques existe encore.

ment son corps pour en extraire les viscères, afin de mieux conserver le corps et d'accomplir ainsi le désir du bienheureux Père qui disait souvent : « C'est ici que je veux que reste toujours mon coeur. » Ils furent déposés dans la chapelle où il mourut, et telle est la tradition des anciens. » (id. §. XX n. 356).

11.° Léonard Matthoei d'Udine, Dominicain, fit publier son sermonaire en 1446. Le sermon sur saint-François renfermè ce témoignage : « Dans l'église des Anges reposent les Saints suivants : Pierre de Catane, quatre compagnons du Bienheureux François etc.... au milieu desquels est le coeur du saint Patriarche comme un gage de son affection pour ce lieu. » (id.).

12.°. Vient enfin Barthélémy de Pise. Cet auteur entra dans l'Ordre franciscain en 1320, c'est-à-dire cinquante ans après la mort du bienheureux Egide, du Frère Ruffin, du Frère Léon et d'autres Frères qui avaient assisté à la mort et aux obsèques du séraphique Patriarche. Pour composer son *Livre des Conformités,* il visita la Portioncule, le couvent d'Assise et l'Alverne, où, d'après Bartoli son contemporain, vivait encore en 1345 un religieux âgé de 113 ans, qui avait vécu avec presque tous les compagnons de saint-François. Barthélémy de Pise pouvait donc facilement se mettre en relation avec les compagnons de ceux qui assistèrent à la mort du séraphique Père. Il finit son ouvrage en 1304, et après l'avoir fait dûment examiner, il le présenta au chapitre général qui à l'unanimité lui donna son approbation. [1]) Or voici ce qu'on lit dans la Conformité VIII, au sujet de la Portioncule : « Saint François voulut que son coeur détaché de son corps fût déposé en ce lieu, en signe d'affection, comme je l'ai appris moi-même des anciens Frères, et l'on dit qu'il est placé dans la chapelle de Saint-François. » Dans la Conformité XXII l'auteur répète : « Le bienheureux François voulut que son coeur séparé du corps fût enterré (à la Portioncule) comme le disent les anciens Frères, desquels moi-même je l'ai entendu. » Il ajoute dans la Conformité XXXIV : « Saint François ordonna que son coeur fût enseveli à Sainte-Marie de la Portioncule, où il mourut, pour montrer l'amour qu'il portait à ce lieu. Cet ordre fut exécuté ; après avoir ouvert le corps du saint et sorti le coeur avec les viscères, on les enterra à Sainte-Marie. » Il répète la même chose d'une façon aussi claire et aussi catégorique en deux autres endroits. [2]) Remarquons ici que tous les

1) Voici le décret du Ministre Général et des Définiteurs Généraux : « Nous avons fait lire, discuter et examiner avec soin l'ouvrage *des Conformités de la Vie de Saint-François*, du Frère Barthélémy de Pise, et nous n'avons rien trouvé qui demande à être corrigé ; au contraire tout y est digne de louanges. » (Wadding).

2) Lorsque Barthélémy de Pise dit que le coeur de S. François se trouve à la Portioncule, remarquent les Bollandistes, il l'affirme catégoriquement et s'appuie sur le témoignage des anciens-Frères desquels lui-même l'a appris. Mais quant il précise le lieu où se trouve le coeur, quand il nomme la chapelle de Saint-François, il ajoute *ut dicitur*, *comme on dit*, et n'insiste pas autant sur ce détail que sur la première affirmation. (Analecta IV, 321).

Religieux présents au chapitre général ont reconnu sans difficulté que les affirmations de Barthélémy étaient conformes à la vérité. (id. § XX n. 357 et 371). Examinons maintenant la valeur des arguments de ceux qui ont contredit les autorités que nous venons de citer.

Avant l'année 1625, aucun écrivain n'a révoqué en doute l'existence du coeur de saint-François à la Portioncule. Le doute ne surgit que quatre siècles après que les Frères se sont communiqué par tradition l'existence de ce précieux trésor au Berceau de l'Ordre séraphique, et 266 ans après que Barthélémy de Pise a publié ce fait dans un ouvrage fameux, approuvé en plein chapitre général, lu dans le monde entier et appuyé pendant deux siècles et demi par les historiens de l'Ordre. Ce qui surprendra probablement le lecteur, c'est que le premier historien qui en a émis ce doute est Wadding lui-même, le célèbre annaliste des Frères Mineurs.

Après avoir rapporté que Barthélémy de Pise et Jacques des Oddi de Pérouse affirment qu'on a extrait le coeur du corps de saint-François, il ajoute: « Mais en ma présence quelques personnes d'Assise en ont douté, pensant non sans probabilité, que le saint corps est resté intact, et entier. D'après eux, leurs ancêtres en ont été persuadés par quelques uns qui ont eu le bonheur de le voir et de le toucher. » Gabriel de Rouen ne comprend pas qu'un auteur aussi grave que notre annaliste ait osé livrer à la publicité un doute, basé sur un *on dit de quelques personnes,* contre une des gloires de la Portioncule, affirmée depuis quatre siècles par la tradition constante et par l'histoire, sans avoir jamais rencontré la moindre contradition. Les Bollandistes ajoutent: « Pour dire la vérité, Wadding s'appuie sur un motif bien léger; il ne se base que sur *le doute* d'un *petit nombre* de personnes, qui s'appuient sur les *persuasions* de leurs ancêtres, comme ils l'affirment sans le prouver; et la persuasion de leurs ancêtres n'a elle même qu'un fondement peu solide. »

Les Bollandistes croyaient alors que le fondement de ce doute était peu solide; mais depuis la découverte du sépulcre de saint François ils seraient convaincus que ce doute n'était basé que sur une erreur, ou un faux bruit. Car ces mêmes personnes, qui prétendaient qu'un ou deux siècles auparavant d'heureux mortels avaient constaté que le coeur de Saint François n'avait jamais été séparé de son corps, ont ègalement répandu le bruit que ces mêmes visiteurs avaient vu le corps de saint-François debout, sans toucher le sol, dans une belle église souterraine, et en parfait état de conservation, ce qui n'a été qu'un tissu d'inventions, comme la découverte du tombeau du saint Patriarche l'a démontré. Il est manifeste aujourd'hui que Wadding a été induit en erreur. Cependant ce qui n'a été qu'un doute pour Wadding va devenir une certitude pour d'autres. Deux ans plus tard Gabriel Faber, Frère-Mineur Conventuel, écrivit son *traité panégyrique de l'église d'Assise*, et prétendit qu'il faut prendre les paroles de Barthélémy de Pise et des autres historiens dans un sens moral ou mystique. Mais, disent les Bollandistes, les paroles de Barthélémy sout beaucoup trop claires et trop explicites pour pouvoir être pliées à ce sens. (Analecta § XX n. 365). Les autres partisans de l'opposition sont des Frères Mineurs Conventuels, principalement du dixhuitième siècle, comme François Marie Angeli, Raymond Missorius et Joseph Rogilus.

Ils ajoutèrent foi au bruit répandu, que plusieurs siècles avant eux quelques uns ont vu et touché le corps de Saint-François se tenant debout dans une posture miraculeuse, dans une église souterraine, et frais comme le jour de sa mort C'est sur ce rapport qu'ils ont établi leur grand argument. Nous n'avons plus besoin de nous en occuper ; la découverte du tombeau de Saint-François en a déjà fait justice. Les autres arguments sont plus ou moins de l'amplification de rhétorique dont on fait usage pour appuyer l'argument principal. Quel est l'audacieux, disent-ils par exemple, qui aurait osé infliger une nouvelle plaie à ce corps marqué des stigmates du Christ? — Et ils oublient que sainte-Claire elle-même était assez audacieuse pour essayer d'arracher un des clous de chair des stigmates et déchirer ainsi le corps du saint. — L'extraction du cocur exige l'embaumement, disent-ils encore, et est-il croyable que le pauvre François ait jamais désiré d'être embaumé comme les princés et les riches de la terre? Et comment les pauvres Frères auraient-ils pu se procurer ce qui était requis pour cette opération? — On peut répondre d'abord que c'est une assertion purement gratuite, qu'on ne puisse sortir le coeur sans embaumer le corps. De plus saint François a pu désirer qu'on sortit son coeur après sa mort, sans demander pour cela d'être embaumé, de même que par humilité il a demandé d'être enterré sur la colline d'Enfer, sans désirer néanmoins qu'on construisit sur son tombeau une splendide Basilique. Quant à la pauvreté des Frères, on sait que Dieu lui-même y songea. Nous avons vu, d'après Bernard de Besse, la noble dame romaine, Jacoba de Settesoli, miraculeusement prévenue, accourir à la Portioncule pour assister aux derniers moments de son Père spirituel et pourvoir généreusement aux dépenses des funérailles. D'ailleurs Barthélémy de Pise est le premier historien affirmant que saint François demanda d'être enterré sur la colline d'Enfer et le Père Rogilus et ses compagnons le croient sans hésitation. Pour être conséquents avec eux-mêmes, ils devraient également le croire, quand il affirme avec insistance que suivant le même témoignage, (celui des anciens Frères) saint François ordonnât à ses disciples d'ensevelir son coeur à la Portioncule. Les Frères n'ont certainement pas eu plus de difficulté d'obéir à leur Père en ce point que dans l'autre, et nous ne croyons pas qu'il leur ait paru plus répugnant d'extraire le Coeur, que d'enterrer le corps de leur Bien-aimé Père comme un vil malfaiteur dans l'endroit destiné à l'exécution des criminels. Si le coeur de saint François est enseveli à la Portioncule, disent-ils encore, pourquoi les Frères l'auraient-ils caché, et pourquoi les premiers historiens n'en auraient-ils pas parlé? — Ici les Bollandistes font remarquer avec un peu de malice, que cet argument tourne contre eux-mêmes avec un *a fortiori*. En effet, il est aisé de répondre qu'ils ont caché le coeur du saint pour les mêmes motifs que le Frère Elie a caché son corps, et les premiers historiens n'en ont pas parlé pour les mêmes motifs qu'ils ont gardé un mystérieux silence sur le tumulte qui eut lieu lors de la translation, sur le sépulcre sur la conservation du corps etc., etc.

Ils apportent un autre argument qui mérite encore quelqu'attention. Suivant saint Bonaventure, disent-ils, dès que le bruit de la mort de Saint-François se fut répandu, une multitude de personnes accoururent à la Portioncule et y passèrent la nuit, en priant et en chantant les louanges du Seigneur jusqu'au moment où on emporta le corps du Saint, pour le transporter à Saint-Georges. Comment donc alors, s'écrient-ils, les Frères auraient-ils pu trouver le temps et l'occasion de faire secrètement cette opération? — Cette objection semble un peu ébranler les Bollandistes eux-mêmes, tellement il est vrai qu'une mouche peut qualque fois embarrassez un lion. Supposons qu'il faille prendre les paroles de saint-Bonaventure dans leur sens le plus littéral; supposons aussi que les Frères n'aient pas fait cette opération avant d'avoir répandu le bruit de la mort de saint-François et avant l'arrivée de la foule. Que s'en suit-il? — Il est d'abord certain que cette foule ne se trouvait pas dans l'interieur de la cellule où le saint expira; elle n'a guère plus de trois mêtres de largeur sur trois de longeur. Cette *multitude* se trouvait donc dans la sainte Chapelle et dans les alentours du couvent. Or qu'y avait-il de plus simple que de fermer la porte de la cellule pendant le temps nécessaire à l'extraction du coeur, sans être vu de la foule et sans obliger les fidèles d'interrompre leurs chants et leurs prières. Les Bollandistes disent eux-mêmes qu'on a mis une autre tunique à saint-François et citent le passage où le V. Gonzogue affirme que de son temps on conservait encore à la Portioncule le bassin qui servit à laver le corps du saint après sa mort. Voudrait-on faire croire que les Frères ont fait toutes ces operations sous les yeux de la multitude? Et s'ils l'on fait à huis-clos, comme c'est naturel, pourquoi n'auraient-ils pas pu le faire pour extraire le coeur? Le Frère Elie, qui réussit à cacher le corps de saint-François pendant que plus de vingt-mille personnes assistaient à la cérémonie de la translation, aurait-il été par hasard moins habile et diligent pour extraire le coeur? [1] Il faut avouer que de parcilles objections sont beaucoup trop faibles pour porter la moindre atteinte aux

1) A la chapelle de Saint-François à la Portioncule, on voit un tableau imprimé en 1720 qui dit que les Frères ont sorti le coeur, lavé et embaumé le corps du saint sur une planche de son lit dont on conserve encore une moitié dans une chapelle attenante à la sacristie. Un peintre bysantin a peint sur cette

témoignages des historiens de l'Ordre qu'aucun écrivain n'avait contredit avant le dix-septième siècle. Une dernière attaque devait préparer un triomphe définitif et solennel à ceux qui soutenaient avec Barthélémy de Pise que la Portioncule a le privilége de posséder le coeur de saint-François. Voici en quelles circonstances : Au dessus de l'entrée de la chapelle de Saint-François, on lit cette inscription en italien : « Notre séraphique Père Saint-François est mort en ce lieu l'an 1226, le 4 octobre un Samedi. Son coeur et ses viscères se conservent dans ce saint autel, privilégié quotidiennement et à perpétuité à la façon de celui de Saint Grégoire à Rome. » On ne sait pas au juste à quelle époque remonte cette inscription; mais il existe encore des documents d'après lesquels elle se lisait déjà en 1541. En 1704 on mit une nouvelle grille de fer à la porte de cette chapelle et l'on fut obligé de renouveler cette antique inscription. A cette occasion Angeli, Frère-mineur Conventuel s'éleva vivement contre cette épitaphe, et ne demanda rien moins, dit Grimaldi, que la destruction de fond en comble de cette précieuse chapelle. Le P. Coronelli, alors-Maître-Général des Conventuels, présenta un *Mémorial* à la Sacrée Congrégation des Evêques et Réguliers, la priant de faire enlever

planche l'image de Saint-François tenant dans la main gauche un livre ouvert dans lequel on lit ces mots : Hic lectus fuit mihi viventi et morienti. — Ceci a été mon lit vivant et mourant. Lanzi (Storia della pittura) dit que c'est le plus ancien tableau qui existe de Saint-François.

cette inscription. Spader évêque d'Assise, ayant été chargé de répondre à ce *Mémorial*, présenta à cette Congrégation son petit traité intitulé: *Courte dissertation touchant le Coeur et les Viscères du Séraphique Père Saint François, qui se trouvent dans la chapelle du saint à Notre-Dame-des-Anges.* Après avoir mûrement examiné ce travail la Sacrée-Congrégation l'envoya aux Frères-Mineurs Conventuels, les invitant à y répondre et à faire valoir leurs objections. Mais ces derniers jugèrent prudent de garder le silence; ils savaient trop bien que les tribunaux de la Curie Romaine ne se contentent pas d'assertions gratuites, et veulent des preuves. Voyant que les partisans de l'opinion opposée n'avaient aucune objection à faire valoir, la Sacrée-Congrégation décida qu'on ne changeât rien à la tradition, et l'inscription proclamant que dans la chapelle de saint-François se trouvent le coeur et les Viscères du Saint, fut maintenue à sa place. En même temps le travail de l'évêque Spader reçut l'autorisation d'être livré à la publicité. [1]

Ce débat eut lieu plus d'un siècle avant la découverte du sépulcre de saint François, c'est à-dire avant qu'on eut la certitude absolue que les faits qui ont donné lieu à cette discussion étaient purement imaginaires. Il est évident que si au dix-septième siècle on n'avait pas répandu ce faux bruit, jamais personne n'aurait eu l'idée de révoquer en doute l'existence du coeur de

1) Flaminius Annibal da Latera, Manuale de'Frati Minori.

Saint-François à la Portioncule, et tous l'auraient admise comme un fait historique indiscutable.

Que le coeur et les viscères de saint François sont ensevelis à la Portioncule est donc un fait historique qu'on ne peut plus révoquer en doute. La tradition constante remontant aux Frères qui ont assisté à la mort du séraphique Patriarche, le témoignage des historiens de l'Ordre qui jusqu'au dix-septième siècle n'ont jamais été contredits, les erreurs manifestes sur lesquelles ils se sont appuyés les adversaires depuis le dix-septième siècle, leur silence en ces derniers temps et la décision de la Sacrée-Congrégation des Evêques et Réguliers sont des preuves assez péremptoires pour convaincre tout homme sincère.

Cette discussion n'a donc servi qu'à mettre plus en relief une des principales gloires de la Portioncule. Elle n'a réussi qu'à exciter davantage la piété des fidèles envers le sacré dépot que le Séraphin d'Assise a laissé à sa chère Portioncule où depuis bientôt sept siècles il est l'objet de la plus tendre vénération des Frères-Mineurs et des Catholiques du monde entier. [1]

1) On a eu plusieurs fois l'idée de faire des fouilles dans la chapelle de saint François; mais comme elle est fort petite, on ne pourrait faire les fouilles requises sans ruiner la chapelle elle-même. Or, ce sanctuaire est trop précieux et trop couvert d'oeuvres d'art pour obtenir cette permission, soit de la curie romaine, soit du gouvernement.

TABLE DES MATIÈRES

PREMIÈRE PARTIE

HISTOIRE DE LA PORTIONCULE

DEUXIÈME PARTIE

DESCRIPTION DES SANCTUAIRES, DE LA BASILIQUE ET DU COUVENT

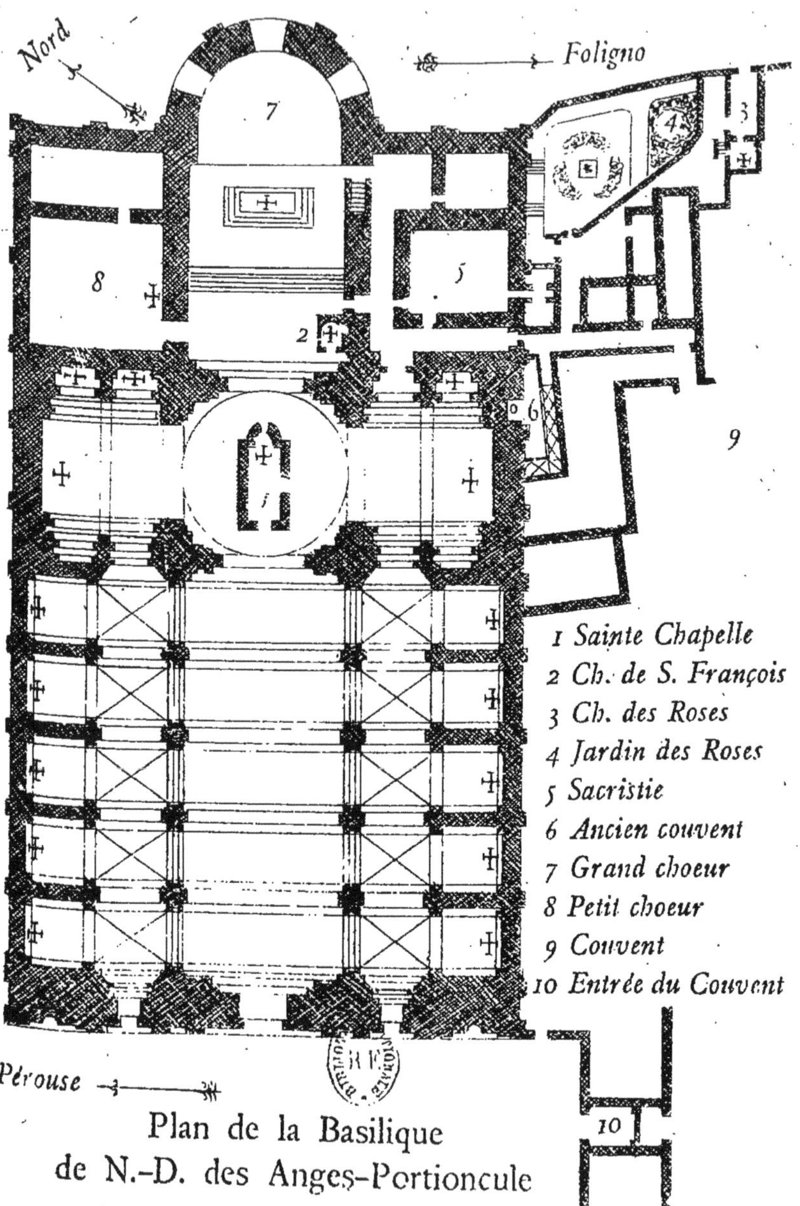

Plan de la Basilique
de N.-D. des Anges-Portioncule

Echelle $\frac{1}{1000}$ ou 1 mm par mètre

www.ingramcontent.com/pod-product-compliance
Ingram Content Group UK Ltd.
Pitfield, Milton Keynes, MK11 3LW, UK
UKHW020131220726
13923UKWH00001B/115

9 782019 134273